VERS LA VÉRITÉ

PAUL STAPFER

Doyen honoraire de la Faculté des Lettres de Bordeaux.

VERS LA VÉRITÉ

SULLY PRUDHOMME

PASCAL

LE NOUVEAU CHRISTIANISME

> Console-toi : tu ne me cherche-
> rais pas si tu ne m'avais trouvé.
> Pascal. *Le Mystère de Jésus.*

PARIS. LIBRAIRIE FISCHBACHER

SAINT-BLAISE

FOYER SOLIDARISTE

—

1909

A LA MÉMOIRE

DE MON FRÈRE

EDMOND STAPFER

PASTEUR ÉVANGÉLIQUE ET THÉOLOGIEN LIBÉRAL

† 13 décembre 1908

*Des trois études dont ce volume se com-
pose, la première, Sully Prudhomme, a
paru dans la Bibliothèque Universelle,
numéros d'avril, de mai et de juin 1908 :
la deuxième, Pascal, dans la Revue des
Deux-Mondes du 15 novembre, mais un
peu moins complète qu'ici ; la troisième,
le Nouveau Christianisme, est neuve.*

VERS LA VÉRITÉ

SULLY PRUDHOMME

LE POÈTE ET LE PHILOSOPHE

Sully Prudhomme est-il un poète qu'on doive, avec regret, voir délaisser souvent l'art des vers pour s'attacher à la philosophie et finalement ne suivre qu'elle, ou bien un philosophe qu'il faut remercier d'avoir longtemps uni à son travail principal, à l'austère recherche de la vérité, les jeux charmants et graves d'une muse toujours méditative ?

La première opinion est celle du public, juge considérable puisqu'il fait la gloire. Et c'était celle aussi du critique le plus docte, de l'ami le plus sage que le noble penseur ait eu de son vivant, du maître Gaston Paris, auquel les lettres doivent la meilleure étude d'ensemble qui existe sur Sully Prudhomme[1]. Ajouterons-nous encore que l'aveu de l'auteur lui-même concorde avec ce sentiment? Mais ici il faut distinguer entre ce qu'il avait eu l'ambition de faire et ce qu'il eut, en fin de compte, la conscience d'avoir fait.

La science « aux sévères beautés » fut sa première et constante passion. Passionné aussi pour l'art des vers (« les beaux vers sont si beaux[2]! »), il avait, a-t-il dit, « l'ardent désir de faire entrer dans le domaine de la poésie les merveilleuses conquêtes de la science et les hautes synthèses de la spéculation moderne. » Dès ses premières poé-

---

[1] Publiée d'abord dans la *Revue de Paris,* 15 octobre 1895 et 1er janvier 1896, puis recueillie dans le volume *Penseurs et Poètes.*

[2] *Encore,* dans les *Poèmes.*

sies, c'est le but qu'il vise, c'est la voie où il rêve de se distinguer, de conquérir « la gloire », dont il sentait et avouait l'aiguillon : « Je hais l'obscurité, je veux qu'on me renomme ! » Le choix qu'il fit dans sa jeunesse, non du « tendre » Virgile, mais d'un philosophe, de Lucrèce, pour le traduire et s'exercer par cette traduction à l'art d'écrire lui-même des vers originaux, montre avec évidence où tendirent d'abord sa pensée et son ambition.

Mais son pénétrant esprit d'analyse qui creusait à fond toute chose lui fit bientôt découvrir l'incompatibilité radicale de la méthode du chercheur et de l'inspiration du voyant. Il comprit que « la recherche ne peut avancer sûrement *sans ramper,* ni aucune notion s'éclaircir *sans se décolorer.* » Donc, à la poésie les grands coups d'aile et les images ; à la philosophie, la sonde prudente et patiente pour explorer le vrai ; puis, pour faire nettement le compte des résultats de l'exploration, la langue claire et abstraite de l'algèbre. Mais ces résultats, à quoi se réduisent-ils? « Peut-être vais-je constater, à ma honte, — écrit en 1895 l'auteur de *Que sais-je?* dressant son inventaire, — que je ne suis pas plus avancé sur l'abrupt sentier de la vérité aujourd'hui qu'au début de mon pèlerinage, quand ma mère me joignait les mains, matin et soir, en me faisant balbutier des mots que je sentais sacrés sans y rien comprendre. »

C'est pourquoi il n'a plus, en finissant, son enthousiasme du début pour la science. Il doute qu'il ait fait de ses talents le meilleur emploi, non pour la satisfaction de son esprit et de son âme, mais pour sa gloire d'écrivain. En dédiant à un ami cet admirable poème de la *Justice,* dont le style merveilleusement concis constitue, dans la poésie française, une espèce unique de beauté, il concède au préjugé commun que cet ouvrage dénué de charme, trop dense, difficile à comprendre, « paraîtra

n'avoir d'un poème que le mètre et la
rime. » Après tout son vaillant effort, le
voilà obligé d'accepter le jugement du vulgaire et celui de Gaston Paris, à savoir que
« la partie impérissable de son œuvre, ce
sont *les petites pièces* où il a réussi à fixer,
en strophes harmonieuses et en paroles
magiques, les émotions les plus fugitives
et les plus profondes de son cœur. » Une
lettre à Mounet-Sully, insérée dans son
Testament poétique, recommande au tra-
gédien, pour une lecture publique, les opus-
cules de cet ordre, et que vante-t-il notamment? Toujours ce fameux *Vase brisé*,
dont la mention perpétuelle et unique parmi
tant de chefs-d'œuvre l'agaçait — nous
pouvons en être sûrs — comme nous agace
la scie dans une pierre de taille ! Telle était
la touchante modestie de ce grand homme.

Cependant, les derniers appréciateurs
de Sully Prudhomme orientent la critique
dans une direction différente. Des professeurs du haut enseignement, M. Camille

Hémon, M. Zyromski, ont consacré à notre auteur des ouvrages considérables qui ne sont rien de moins que des cours de faculté[1]. Ils font, de sa philosophie en prose, une estime et une étude auxquelles les premiers admirateurs du poète ne nous avaient pas habitués. Et dans l'échelle de ses poésies, ils placent au sommet les grands poèmes philosophiques, *La justice* et même *Le bonheur*, le moins lu de ses poèmes et pour cause, — car on le trouve, si j'ose le dire, un peu ennuyeux, — et Gaston Paris lui-même en parle avec froideur, presque avec ironie, bien qu'il dût être prédisposé à la tendresse pour une œuvre qui lui était dédiée.

Sans opposer davantage les deux avis contraires sur Sully Prudhomme, je laisserai mes lecteurs juges de la question, et

[1] *La philosophie de Sully Prudhomme* par Camille Hémon (Alcan). — *Sully Prudhomme* par Ernest Zyromski (A. Colin).

je vais simplement, — par la seule analyse de sa vie intérieure (il n'en a pas eu d'autre), — leur montrer la succession, l'origine, la valeur aussi et l'importance de ses œuvres et de ses idées principales, en suivant l'ordre des années.

I

Jeunesse.

Si, dans l'univers entier, « d'innom-
brables liens frêles et douleureux » vont
de notre âme aux choses [1], s'il est avéré
que les premières impressions sont les plus
profondes et que ces impressions peuvent
être antérieures à la naissance elle-même,
les antécédents de René-François-Armand[2]
Prudhomme, né à Paris le 16 mars 1839,
doivent être notés avec soin. Ses parents
restèrent « unis peu d'années, après de

[1] *Les chaînes* (dans les *Stances*).
[2] *Sully* est un surnom que le père avait reçu dans
son jeune âge. La mère le conserva, puis le donna
à l'enfant, après la mort du père, « pour avoir toujours à le prononcer ».

bien longues amours [1]». La modeste position du père, la dot médiocre de la mère,
les avaient en effet contraints à des fian-
çailles de dix ans, et Clotilde Caillat n'était
plus toute jeune quand elle put enfin se
marier. Le père mourut bientôt, et le poète,
âgé de deux ans, venu au monde après
une fille, eut d'abord devant ses yeux les
images du deuil :

> En ce temps-là, je me rappelle
> Que je ne pouvais concevoir
> Pourquoi, se pouvant faire belle,
> Ma mère était toujours en noir [2].

Dans une autre pièce des *Solitudes*, il
appelle sa mère « sa bienfaitrice » pour
lui avoir « légué sa douleur », et il fait
allusion à certain désir d'avoir des ailes
afin de s'envoler vers une île blanche du

[1] *Un songe* (dans les *Stances*).
[2] *Le premier deuil* (dans les *Solitudes*).

ciel bleu, que sa mère avait eu pendant qu'elle le portait dans son sein :

> De là vient que, toute ma vie,
> Halluciné, faible, incertain,
> Je traîne l'incurable envie
> De quelque paradis lointain.

Cette femme était Lyonnaise. Gaston Paris, que nous pouvons en croire (car sa longue étude du passé littéraire de la France l'avait doctement renseigné sur l'humeur et l'esprit des cités historiques), définit ainsi le caractère lyonnais : « Un profond sérieux, un perpétuel reploiement sur soi-même, une *préoccupation constante des choses religieuses*. Et, dans l'art même, la prédominance du dessin sur la couleur, un faire délicat et savant, une tendance marquée à l'idéalisation. » Il avait vu la mère de Sully ; il nous la dépeint comme « une femme grande, mince, à la physionomie très douce, avec des cheveux tout blancs, des yeux profonds et tristes, un peu inquiets, un faible sourire plein de bonté. »

Après la mort de M. Prudhomme, deux aînés de la veuve, célibataires l'un et l'autre, un frère et une sœur, vinrent habiter avec elle et prirent peu à peu la direction du ménage. C'est sans doute à leur initiative, la mère étant passivement consentante, qu'on doit l'internement de Sully, à huit ans, dans un pensionnat de Bourg-la-Reine, et son inoubliable *Première solitude* :

> .... O mères, coupables absentes,
> Qu'alors vous leur paraissez loin !
> A ces créatures naissantes
> Il manque un indicible soin....
>
> Mais, tout ingrates que vous êtes,
> Ils ne peuvent vous oublier,
> Et cachent leurs petites têtes,
> En sanglotant, sous l'oreiller.

Déjà sa santé était délicate. Il changea de pension trois fois en deux ans et ne retint de sa vie d'écolier qu'un souvenir douloureux. Il faut expressément distinguer ce mauvais souvenir de la profonde reconnaissance qu'il garda, au contraire, à ses professeurs du lycée Bonaparte et qu'il atteste dans une pièce de vers du *Prisme :*

Je ne suis pas ingrat, je t'aime et je t'honore
Pour tes saines leçons, noble Université !....
.... Tes enseignements, si purs quoique profanes,
Font en nous l'esprit ferme et libre et le cœur droit....

.... Je te rapporte en nourrisson fidèle
Le meilleur des pensers que je rime aujourd'hui ;
Si j'ai fait un bon vers, il te doit son coup d'aile,
Sa trempe et son éclat, car ton sang coule en lui.

Au lycée Bonaparte, où il eut tous les ans, sauf un, le prix d'excellence, c'est dans la classe de « mathématiques spéciales » qu'il tenait sans rivaux la première place. Il fut bachelier ès sciences avant d'être bachelier ès lettres, et l'École polytechnique était le but où il visa d'abord.

Mais une ophtalmie, résultat de veilles trop prolongées, en le forçant de renoncer au concours, vint déconcerter son ambition d'un avenir scientifique.

A Lyon, chez des parentes pieuses où il s'était retiré pour se reposer, il eut une crise de mysticisme, qu'il a racontée lui-même dans une préface écrite un an avant sa mort pour l'ouvrage consacré à sa philosophie par M. Camille Hémon :

« Je voyais directement, je sentais la divinité de Jésus, et tous les nuages qui avaient jusque-là pour moi obscurci les dogmes me semblaient dissipés. Je m'agenouillai, je fis une prière dont je ne me rappelle plus les termes, et, le lendemain, je conçus le projet de me faire dominicain. »

Ce que Sully Prudhomme note comme tout à fait remarquable dans cette conversion religieuse, c'est que quatre ans de discipline scientifique ne s'y opposèrent point. Mais elle fut de courte durée. Le retour à Paris, les distractions du monde,

la lecture de savants ouvrages de critique
venus d'Allemagne, notamment de la *Vie
de Jésus*, par le Dr Strauss, « eurent bien
vite raison de ma croyance improvisée. »

Que Sully croie ou qu'il doute, un même
sentiment, la gravité, — une gravité si
profonde et si haute qu'elle a quelque
chose de religieux, — le remplit et lui as-
sure en tout cas notre estime respectueuse.
Rien ne ressemble moins à un libertinage
de l'esprit que les fluctuations de sa pensée.
Si Dieu lui échappa finalement, il le chercha
toujours et il trouva au moins ce que sa
philosophie appelle « le divin ». C'est pourquoi Gaston Paris pouvait en toute conscience faire à sa mère la véridique réponse
qu'il nous a rapportée. Cette simple femme,
« effrayée des coups d'aile téméraires que
donnait, dans un ciel plus haut et plus
vide que celui où s'arrêtait sa prière, la
pensée de ce fils dont elle avait jadis joint
les mains sur ses genoux », dit un jour au
jeune homme que ce fils aimait comme

son guide le plus sûr et son meilleur ami :

« — Monsieur, vous êtes un ami de Sully, et je sais que vous aimez ses vers. Moi, je les trouve beaux, mais ils me dépassent et ils m'inquiètent. Dites-moi, oh ! affirmez-moi que dans son livre il n'y a rien contre Dieu ! — Madame, lui dis-je tout ému, je vous jure qu'il n'y a pas un mot, pas une pensée qui soit impie, et que sa poésie entière, loin de se détourner de Dieu, le cherche constamment par le plus sincère et le plus religieux des efforts. — Oh ! merci, dit la mère. »

Dans un très beau sonnet des *Épreuves,* intitulé la *Lutte*, le grand poète a raconté les vrais combats de Jacob auxquels il se livrait dans ses nuits d'insomnie et qui faisaient courir à son chevet sa mère alarmée :

. . . .

Parfois ma mère vient, lève sur moi sa lampe
Et me dit, en voyant la sueur qui me trempe :
« Souffres-tu, mon enfant ? Pourquoi ne dors-tu pas ? »

Je lui réponds, ému de sa bonté chagrine,
Une main sur mon front, l'autre sur ma poitrine :
« Avec Dieu, cette nuit, mère, j'ai des combats. [1] »

*

L'épreuve humaine par excellence, le baptême de larmes qui arrose les poètes plus que les autres hommes, — l'amour, — devait naturellement échoir à la sensibilité de Sully. Comme tous les adolescents, il aima plusieurs jeunes filles, mais il ne semble pas que ce poète à l'âme si aimante et que nous aimons tant ait personnelle-

[1] Dès 1862, — comme l'atteste le recueil posthume, *Épaves*, publié en 1908 chez Lemerre, — Sully Prudhomme exprimait avec une pathétique éloquence sa foi défaillante en Dieu :

Sans un Dieu pas d'amour : les cités sont des pierres,
La terre est un cadavre et l'azur un linceul ;
Devant les astres d'or je baisse les paupières,
Ils n'ont pas de regard. J'erre affreusement seul.

Sans un père céleste, évidente chimère,
Que dispute mon cœur à ma raison sans foi,
O mes meilleurs amis ! ô ma sœur ! ô ma mère !
Je suis seul avec vous et n'attends rien de moi.

ment inspiré au sexe aimable l'amour que sa poésie obtient de tous les cœurs. Peut-être faut-il chercher la cause de ce revers dans la douceur même et la timidité de Sully, dans le je ne sais quoi de *féminin* qui était le cachet de sa personne, qui fut le premier aspect de son talent et que l'autre sexe ne goûte guère, précisément parce qu'il lui ressemble trop[1]. Le fait est

[1] Cette délicatesse un peu féminine, qui devint assez tôt sa physionomie dominante, ne caractérisait pas encore l'enfant, au témoignage de M. Léon Bernard-Derosne, camarade de jeux et d'études de Sully Prudhomme : « C'était un bambin de dix ans, grandi un peu vite, au geste hésitant et gauche, avec des bras trop longs, une physionomie craintive, un air dépaysé. Seul son regard était beau... D'ailleurs, rien d'efféminé, de languissant en lui. Il aimait le jeu, la gymnastique et tenait, dans les parties de barre, à être le premier comme il l'était en grec et en géométrie... D'instinct il avait le respect de la règle.... L'idée d'une réprimande même légère l'affolait... Cependant, quand sa conscience lui avait clairement montré qu'il peut y avoir, même pour un écolier, des devoirs supérieurs à ceux de l'écolier, il savait les accomplir avec une vaillance qui, chez

qu'il fut malheureux en amour. Il vit le mariage de celle qu'il aimait. Il pardonna, de la façon la plus tendre, dans les vers mélancoliques du *Soir* et dans la pièce délicieuse : « Si je pouvais aller lui dire... » mais son cœur était brisé. C'est avec amertume que, dans ce *Songe* des *Stances* où il rêve qu'il visite le tombeau où dort son père, il répond à la question de celui-ci : « N'as-tu pas de famille ? quand on meurt jeune, c'est qu'on aime... »

un enfant scrupuleux et impressionnable comme lui, prenait un caractère héroïque. Un jour, pour venger un camarade qu'un grand avait frappé et meurtri, lui, qui était donné en exemple au collège tout entier, entra bravement dans une classe qui n'était pas la sienne et là, devant plus de cent élèves, corrigea magistralement le coupable. Il aurait pu pour beaucoup moins être chassé du lycée ... Celui qu'il avait ainsi vengé, abruti par l'admiration et la reconnaissance, balbutiait en pleurant comme un veau : « Mais, si tu avais été chassé ?... si tu avais été chassé ?... » Il répondit : « Tu avais été injustement maltraité, il fallait que cette injustice fût réparée. »

(*Sur le vif*, par Léon Bernard-Derosne, p. 192.)

— J'ai laissé ma sœur et ma mère,
Et les beaux livres que j'ai lus.
Vous n'avez pas de bru, mon père.
On m'a blessé, je n'aime plus.

Et c'est avec un dégoût profond de la vie
qu'il jettera plus tard, dans les *Vaines
tendresses*, le cri désespéré où il fait vœu
de célibat :

Demeure dans l'empire innommé du possible,
O fils le plus aimé qui ne naîtra jamais !
Mieux sauvé que les morts et plus inaccessible,
Tu ne sortiras pas de l'ombre où je dormais !

Le zélé recruteur des larmes par la joie,
L'Amour, guette en mon sang une postérité.
Je fais vœu d'arracher au malheur cette proie ;
Nul n'aura de mon cœur faible et sombre hérité[1].

[1] La même triste pensée est rendue avec une
grâce charmante dans une pièce du recueil posthume. *A un couple heureux* (1864) :

Moi, je n'ai point orné le désert de ma vie :
Je mourrai sans avoir dans mes bras emporté,
Comme une tourterelle au colombier ravie,
Une vierge enlaçant de fleurs ma liberté.

Ayant dû renoncer à l'École polytechnique, le jeune homme passa plusieurs
années à la recherche d'une position. Il
faisait déjà beaucoup de vers, mais d'abord
il faut vivre, et sa famille exigeait « qu'il
fît quelque chose ». Dix-huit mois environ
il resta dans un emploi modeste aux usines
du Creusot, dont la fin du poème intitulé
l'*Art* et le sonnet des *Épreuves, Une
damnée*, a fixé le souvenir en vers immor-
tels. « *Une damnée* », c'est la forge,

> C'est l'enfer de la Force obéissante et triste.

Du Creusot il passa dans l'étude d'un
notaire et, en même temps, il « fit son
droit ». Sans passion, nous pouvons le
croire. La poésie continuait d'être l'objet
de toute son ardeur :

> Quand chaque nuit d'ardente veille
> Avancerait d'un jour ma mort,
> Ma volonté serait pareille

> D'ébranler le cœur par l'oreille
> Et je mourrais dans un accord [1].

Un évènement capital, quoique fort peu retentissant, mais qu'aucun biographe sensé ne négligera comme sans importance, vint rendre à Sully Prudhomme et peut-être à la littérature française un immense et inappréciable service : je veux simplement parler d'un héritage, qui garantit au poète l'indépendance de sa plume et de sa vie, « lui épargnant, nous dit-il dans son *Testament poétique,* d'avoir à lutter contre des obstacles odieux qu'il n'eut ni le malheur de connaître, ni l'honneur de vaincre. »

*

On a si souvent raconté les premiers pas du jeune homme dans la carrière littéraire, son apprentissage de versificateur, les leçons et l'exemple que lui donna Le-

[1] *Sésame* (dans *Mélanges*).

conte de Lisle, maître incontesté du « Parnasse contemporain », la lecture de ses poésies manuscrites à la « conférence La Bruyère », l'enthousiasme de ses amis, notamment de Gaston Paris et de Guillaume Guizot, la première édition des *Poèmes* et des *Stances* en 1865, la lettre de Gaston Paris à Sainte-Beuve pour lui recommander le débutant, l'article de l'éminent critique, les réserves mêlées à ses éloges et la fortune sans pareille qu'il fit au *Vase brisé* par la citation de ce chef-d'œuvre, — on a si souvent répété tout cela, qu'ayant à dire maintes choses un peu moins rebattues, je demande la permission d'abréger ou de taire ce que tout le monde sait.

Alphonse Lemerre, providence des poètes nouveaux, réédita les *Stances et Poèmes* et mit au jour les soixante-deux sonnets des *Épreuves*.

Quelle est la matière de ces trois premiers recueils ? Les expériences du cœur assurément, de ce cœur si sensible et si délicat qu'il ne faut pas un choc violent pour le briser : le plus léger coup de la main aimée suffit ; mais aux trésors secrets de la vie intérieure il convient d'ajouter déjà ceux d'un vaste savoir scientifique et philosophique acquis par la lecture assidue et la méditation des livres les plus doctes et les plus graves. Les goûts sédentaires de Sully Prudhomme, sa mauvaise santé aussi ont toujours fait de lui un homme de cabinet, vite fatigué des spectacles qu'offre le monde et du mouvement de la société, absorbé dans ses songes et trouvant dans les volumes de sa bibliothèque tout l'entretien utile à l'activité de sa pensée. Il répétait souvent, à la fin de sa vie : « Moi, du papier, une plume et de l'encre c'est tout ce qu'il me faut. »

Dès les *Stances*, dès les *Poèmes* même, dont la composition est antérieure, on le voit préoccupé du plus grand de tous les problèmes, celui de l'être et de la destinée :

> Cherchant en vain mes destinées,
> Mon origine qui me fuit,
> De la chaîne de mes années
> Je sens les deux bouts dans la nuit.

> .... Mais j'étais autrefois ! mon être
> Ne peut commencer ni finir.
> Ce que j'étais avant de naître
> N'en sais-tu rien, ô souvenir ?

> ... J'étais aux premiers temps, car j'ai ma part de l'être ;
> Si l'être est éternel, j'en suis contemporain,
> Mais j'étais comme on dort....

La question qui le tourmentera jusqu'à sa mort, celle de la discordance entre la voix du cœur et celle de la raison, est posée de bonne heure dans toute sa précision par les seize petits vers célèbres d'*Intus*. Dans l'ordre scientifique, le *Lever du soleil* est un splendide morceau de poésie physiquement exacte, où le mouvement vrai des astres, que l'homme pèse et calcule, nous présente un tableau bien autrement saisissant et magnifique que la classique image des quatre chevaux d'Apollon « frappant d'un pied d'argent le ciel solide et rose ». Dans les *Épreuves*, les sonnets intitulés : *Réalisme, Dans l'abîme, le Monde à nu*, sont, à la vérité, d'ingénieux amusements de l'art plutôt que de la grande poésie ; mais il n'y a, dans toute la poésie française, rien de plus beau que les deux sonnets de la *Grande-Ourse* et du *Cri perdu*, perles de toutes les anthologies.

Le premier a pu être inspiré au poète par ces lignes de Littré dans les *Paroles de philosophie positive* : « Une désuétude lente atteint les opinions théologiques, tantôt par l'immensité de l'univers et la fixité du cours des étoiles, tantôt, etc. » Mais il n'est pas besoin de lire Littré, il suffit d'ouvrir ses yeux dans la nuit étoilée pour que la fixité accablante des constellations éternelles fasse paraître misérables et ridicules nos personnes et nos prétentions au titre d'enfants privilégiés de Dieu. Le renversement de l'ancienne cosmologie est le coup droit le plus terrible porté aux rêves de l'humanité dans son enfance. On reste confondu de la légèreté des mortels parvenus à la majorité, qui, en face de ce « drap noir aux sept clous d'or » scintillant, des milliers et des milliers de siècles « avant qu'il errât des pâtres en Chaldée et que l'âme anxieuse eût habité les corps », ne frissonnent pas d'épouvante comme devant l'enveloppe mortuaire de leurs espérances religieuses.

C'est un passage de Thomas Browne, rencontré probablement dans l'*Histoire de la littérature anglaise* de Taine, qui a inspiré à Sully Prudhomme cet autre chef-d'œuvre, le *Cri perdu*, le premier de tous en importance parce que l'idée que le poète y condense en quatorze vers de toute beauté resta son thème principal et devint le *leit-motiv* de ses grands poèmes de la *Justice* et du *Bonheur*.

« L'injuste oubli, écrit Thomas Browne, secoue à l'aveugle ses pavots et traite la mémoire des hommes sans distinguer entre leurs droits à l'immortalité. Qui n'a compassion du terrassier des Pyramides?... Le plus grand nombre doit se contenter d'être comme s'il n'avait pas été, et de subsister dans le livre de Dieu, non dans la mémoire des hommes. »

Accablé sous le double poids des cieux torrides et du « granit pour Chéops entassé », un jeune ouvrier des Pyramides pousse un grand cri et succombe.... Ce cri déchirant, qui monte de cieux en cieux, « cherchant les dieux et la justice », Sully Prudhomme ne cessa de l'entendre pendant toute sa vie. Il remplit son poème de la *Justice*, et il explique celui du *Bonheur*, dont l'idée fondamentale est qu'une parfaite félicité ne peut exister dans aucun ciel pour des êtres humains, tant que dure la souffrance, tant que l'iniquité règne ici-bas.

D'autres germes de développements futurs sont dans les premières poésies, et il arrive souvent que la forme ramassée en un petit nombre de vers nous plaît mieux que la forme explicite. Le sonnet sur Kant, dans les *Épreuves*, substantiel et précis, est un tour de force; celui sur Spinoza est un charme. L'érudition philosophique de Sully Prudhomme est autrement sûre que celle de Musset, qui déclame vaguement sur les « rhéteurs allemands » et sur le « philosophisme », et que celle de Victor Hugo, dont M. Zyromski dit si bien qu'il se contente trop d'un « exposé pittoresque », d'une « ronde d'images », par laquelle il entretient dans son cerveau surchauffé une fièvre assez différente d'un sérieux exercice de la pensée.

*

En 1866, Sully se laissa persuader par des amis de faire avec eux, en Italie, un voyage. Il ne paraît pas y avoir été entraîné par la curiosité, du moins par cette curiosité *extérieure* qui est celle des géographes, des historiens, de la plupart des romanciers et de tous les causeurs de salon, comme elle est la curiosité spéciale des peintres, et qui porte les artistes, les savants et les gens du monde à regarder la forme et la couleur des choses. Ses compagnons de route ont remarqué une singularité tout à fait caractéristique de son esprit : devant les beaux spectacles de la nature et de l'art, l'étrange voyageur éprouvait moins de joie que d'inquiétude, parce qu'*il les considérait surtout comme des signes*, dont il s'obstinait à démêler le sens caché plutôt qu'il ne les contemplait en eux-mêmes. « Il couve en ma joie un tourment », dira plus tard l'auteur du *Bonheur*,

> Car sous l'objet le plus charmant
> Je veux saisir ce qu'il me cache,
> L'invisible sous les couleurs
> Et l'impalpable sous les fleurs....

Mais voici un prodige du génie poétique plus étonnant encore que cette angoisse d'un genre si extraordinaire.

Les *Croquis italiens* sont le monument du voyage de Sully Prudhomme en Italie. Or, il se trouve que ces quinze croquis merveilleux sont dignes du pinceau d'un Théophile Gautier. Le poète voyait donc très bien ce que, distrait par sa rêverie, il semblait parfois ne pas regarder. Qu'on relise surtout la *Pescheria* et les *Transtévérines*.

Il y a une erreur qu'on commet facilement à propos de Sully Prudhomme, comme d'ailleurs à propos de tous les écrivains qui ont eu quelque don spécial à un degré éminent et rare : on réduit à ce seul talent tout leur génie. Si la poésie la plus haute fut pour lui une *aspiration à l'idéal*, cependant une partie considérable de son œuvre poétique n'est pas autre chose qu'une simple *représentation de la réalité*, et cette représentation a souvent le relief et l'éclat des peintures les plus délibérément réalistes. Sans doute, ce grand poète est d'abord un poète de l'âme, un confident intime ; sa poésie n'est pas flamboyante, elle a les lueurs douces « d'une flamme enfermée dans l'albâtre », et la pensée, *l'excès de la pensée*, caractérise tellement ses vers, comme sa prose, qu'il s'est métamorphosé, en rêve, dans la fleur de ce nom « aux grands yeux de velours sombre [1] ». Mais il faudrait avoir de ses ouvrages une connaissance bien incomplète pour prétendre qu'il manque toujours de couleur. N'oublions pas qu'il fut « Parnassien » ou adorateur de la forme et qu'il l'est resté, — du moins jusqu'en 1875, c'est-à-dire pendant le plus brillant essor de son activité poétique.

Les tableaux proprement dits sont nombreux dans les *Poèmes*, dans les *Stances*, dans les *Épreuves*, dans les *Solitudes*,

[1] *La Pensée* (dans les *Solitudes*).

et même dans les *Vaines tendresses*. Le
Cygne est célèbre. Théophile Gautier ad-
mirait, dans les *Écuries d'Augias*, « l'ampleur de style d'une peinture murale ».
Et cette grande fresque est en même
temps une narration épique égale aux
petites épopées d'André Chénier ou de
Victor Hugo. Le *Gué* est du même ordre.
Un sonnet magnifique des *Épreuves*, les
Téméraires, rappelle naturellement celui
des *Conquérants*, chef-d'œuvre de Hérédia,
et ne lui cède en rien. *Soleil*, dans les
Mélanges, et *Midi au village*, dans les
Solitudes, ont dû satisfaire complètement
le maître de Sully, l'auteur de *Midi, roi
des étés*, Leconte de Lisle. Quel coloris
encore que celui des stances qui, dans le
volume de *Vaines tendresses*, terminent
la pièce intitulée *le Point du jour* :

> Un souffle léger s'élève
> Au brusque éclat du jour vainqueur....
> Et, là-bas, sur la glèbe rose

D'où l'alouette prend l'essor,
Marchent dans une apothéose
Des bœufs de pourpre aux cornes d'or !

La *Mare d'Auteuil* serait aussi à mentionner parmi les pièces pittoresques, si ce beau paysage mélancolique n'ajoutait pas expressément à la représentation de la nature ce profond sentiment humain qui donne aux choses une âme. Mais c'est avec les yeux d'un contemplateur de la vie mondaine, aussi compétent que Paul Bourget en toilettes et en ameublements, que, dans *L'une d'elles* des *Solitudes*, Sully Prudhomme fait un croquis de la jeune fille élevée dans une luxueuse oisiveté :

Sa chambre est toute bleue et suave....
Nul bruit ; partout les voix, les pas sont assoupis
Par la laine opulente et molle des tapis
   Et l'ample velours des tentures....

.... Puis c'est la promenade en barque sur les lacs ;
La sieste à l'ombre au fond des paresseux hamacs,

La course aux prés en jupes blanches,
Et le roulement doux des calèches au bois,
Et le galop, voilette au front, badine aux doigts,
Sous le mobile arceau des branches....

Il est vrai que le poète ajoute, — et c'est à cette conclusion morale, amèrement triste, que tend le tableau ou le conte, — que cette jeune fille, « misérablement riche », esclave d'un faux honneur, sans amour conjugal ni maternel, languissante et comme morte sous ses parures, est « plus seule que les veuves ».

*

Les *Solitudes* parurent en 1869. L'intérêt de cette date est que, la même année, fut publiée la traduction du premier livre de Lucrèce, précédée d'une préface dont le philosophe Renouvier parlait avec admiration et dont Scherer a dit : « Elle est tout simplement l'un des essais les plus hardis, les plus vigoureux et les plus lucides que la spéculation contemporaine ait produits. Que le même écrivain ait écrit les *Solitudes* et rédigé la *Préface,* c'est un des faits les plus extraordinaires de notre temps. »

Le titre du recueil répond bien à son contenu. Qu'est-ce que les *Solitudes* ? C'est d'abord, simplement, l'isolement matériel du petit interne de Bourg-la-Reine, ou l'isolement moral de la demoiselle du grand monde dont le portrait vient de nous être montré, ou celui de la *Laide,* « ange qui n'est qu'une âme et n'a rien qui tourmente », qu'un collégien est chargé de faire danser dans les bals et à laquelle un bon vieillard, qui veut rester sincère, dit, pour tout compliment, « qu'elle a de beaux cheveux »; c'est encore, — pour rappeler un des plus fameux chefs-d'œuvre du poète, — l'isolement des moines de la Grande-Chartreuse, faisant « sonner le néant sous leurs pas » dans les longs corridors du cloître, poussant lugubrement « leurs noirs *miserere* qui plaisent au cœur las », et savourant l'avant-goût du sépulcre. Mais ces solitudes-là sont celles que chacun de nous peut observer en lui-même ou autour de lui ; il en existe une autre, spéciale à notre contemplateur, une souffrance extraordinairement exquise et délicate, qu'une sensibilité raffinée comme la sienne pouvait seule éprouver et seule analyser.

Nous avons vu tout à l'heure quel sentiment singulier changeait pour Sully Prudhomme en inquiétantes énigmes les beaux spectacles de la nature et de l'art : devant tout ce qu'il voyait, hommes, bêtes ou choses, le profond penseur ressentait avec intensité la souffrance de se trouver en face d'un impénétrable secret.

Quel mystère que notre personnalité ! Je suis un certain individu, je suis moi, c'est-à-dire que je ne suis ni vous ni lui ; mais, qu'est-ce qui constitue l'essentielle différence entre nous tous ? que veut dire cet abîme ?

« Ah ! s'écrie Fantasio dans une comédie

de Musset, si je pouvais seulement sortir
de ma peau pendant une heure ou deux !
Si je pouvais être ce monsieur qui passe !...
Ce monsieur qui passe est charmant... Je
suis sûr que cet homme-là a dans la tête
un millier d'idées qui me sont absolument
étrangères ; son essence lui est particulière... Dans l'intérieur de toutes ces ma-
chines isolées, quels replis, quels compar-
timents secrets ! C'est tout un monde que
chacun porte en lui ! un monde ignoré qui
naît et qui meurt en silence ! *Quelles solitudes que tous ces corps humains !* »

« — Expliquez-moi votre pensée par la
parole, dit à Sganarelle le docteur Pan-
crace dans Molière, c'est le plus intelligible
de tous les signes. » Oui ; mais, à entendre
la plupart des discours, on se demande si la
parole a été donnée à l'homme pour mani-
fester sa pensée ou, au contraire, pour la
déguiser. Il en est de même du style. C'est,
en esthétique littéraire, un gros problème
de savoir si l'art d'écrire contrarie ou fa-

vorise l'expression de la vérité. La recherche de la forme enrichit-elle le fond,
comme on le prétend d'habitude, ou lui
fait-elle, au contraire, subir un déchet la-
mentable et nécessaire ? Sully Prudhomme
avait éprouvé, avec chagrin, qu'en expri-
mant ses idées il altérait leur sens et
amoindrissait leur prix :

> Quand je vous livre mon poème,
> Mon cœur ne le reconnaît plus ;
> Le meilleur demeure en moi-même,
> Mes vrais vers ne seront pas lus.

Cette dédicace *Au lecteur*, qui précède
les *Stances*, pourrait figurer dans les *Solitudes* : car elle en est une proprement.

Celle qui a pour titre *Corps et âmes* in-
dique l'idée essentielle du recueil : heureux
les doigts, car ils touchent, et les yeux,
car ils voient ; heureux les corps !

> Mais, oh ! bien à plaindre les âmes !
> *Elles ne se touchent jamais :*
> Elles ressemblent à des flammes
> Ardentes sous un verre épais.

De leurs prisons mal transparentes
Ces flammes ont beau s'appeler,
Elles se sentent bien parentes,
Mais ne peuvent pas se mêler.

Cette impuissance fait, des caresses les plus tendres, un tourment plus qu'une volupté :

Les caresses ne sont que d'inquiets transports,
Infructueux essais du pauvre amour qui tente
L'impossible union des âmes par les corps.
Vous êtes séparés et seuls comme les morts,
Misérables vivants que le baiser tourmente !

Les étoiles de la *Voie lactée* qui semblent toutes proches les unes des autres, mais que des distances prodigieuses séparent, sont, pour le poète, le symbole de la solitude des âmes. Vous ne paraissez pas heureuses, leur dit-il ; vos tremblantes lueurs dans l'infini noir sont moins des rayons que des pleurs de lumière. Pourquoi ?

Elles m'ont dit : « Nous sommes seules....

« Chacune de nous est très loin
Des sœurs dont tu la crois voisine ;
Sa clarté caressante et fine
Dans sa patrie est sans témoin ;

« Et l'intime ardeur de ses flammes
Expire aux cieux indifférents. »
Je leur ai dit : « Je vous comprends !
Car vous ressemblez à nos âmes ;

« Ainsi que vous chacune luit
Loin des sœurs qui semblent près d'elle,
Et la solitaire immortelle
Brûle en silence dans la nuit. »

Cependant, il y a un plaisir pour l'âme dans la souffrance même que cause la solitude ou la privation, — le plaisir de l'attente et de l'espoir, le bonheur bizarre, mais réel, qui consiste à garder jalousement une épine dans ses roses, à ne pas jouir précipitamment de tout son bien à la fois :

Le meilleur moment des amours
N'est pas quand on a dit : « Je t'aime. »
Il est dans le silence même
A demi rompu tous les jours.

Ne nous plaignons donc pas de nos heures d'angoisse ; ceux qui ont violé le mystère se disent heureux, mais leur calme ressemble beaucoup à de la froideur, « et nous, nous frémissons, rien qu'en mêlant nos doigts... »

> Ils se disent heureux, parce qu'ils peuvent vivre
> De la même fortune et sous le même toit ;
> Mais ils ne sentent plus un cher secret les suivre.
> Ils se disent heureux, et le monde les voit !

L'amour vrai écarte et redoute la pleine jouissance ; il accepte même avec une sombre joie le tourment de vivre éloigné de ce qu'il aime, et rendant à l'idole une muette adoration, il dit :

> Posant sur sa beauté mon respect comme un voile,
> Je l'aime sans désir, comme on aime une étoile,
> Avec le sentiment qu'elle est à l'infini.

*

Au témoignage de Gaston Paris, l'impuissance de son ami intime à se rendre

compte des rapports du monde moral avec
le monde physique, à concevoir, par exemple, comment la volonté agit sur les mus-
cles du bras pour le mettre en mouvement, lui causait un tourment de la pensée
qui allait jusqu'à une véritable souffrance.

La préface à la traduction de Lucrèce
est un essai de solution de ce problème et
le premier en date des écrits philosophiques de Sully. Mais, avec cet ouvrage,
nous allons voir se révéler un auteur tellement différent de celui que nous com-
mençons à connaître, qu'on ne peut expliquer une différence si radicale que par la
volonté énergique du philosophe d'ex-
clure absolument le poète de son travail
nouveau.

Qu'un maître de la lyre se lance dans
des spéculations en prose sur Dieu, sur le
monde et sur l'homme, cela est tout naturel, si bien que c'est à peine s'il nous
paraît changer d'exercice ; mais on s'attend
alors à voir rejaillir sous une autre forme

les élans de lyrisme auxquels on était accoutumé. Sully Prudhomme s'est interdit très sévèrement toute effusion de ce genre. Son style, incroyablement aride et abstrait, « n'a pas d'autre préoccupation que d'être clair, fût-ce aux dépens du charme. » *Il veut être froid*, et généralement il y réussit, sauf dans quelques pages de *la Vraie religion selon Pascal*, et dans quelques passages aussi, moins nombreux qu'on ne croirait, du livre qui a pour titre la plus angoissante des questions : *Que sais-je ?*

La préface constate la querelle du spiritualisme et du matérialisme, querelle sans cesse renaissante à cause de l'opposition qui paraît devoir s'éterniser entre l'esprit et la matière, tant qu'on ne les aura pas ramenés et réduits l'un à l'autre. Mais cette réduction est-elle nécessaire ? Le raisonnement qui conclut à sa nécessité est-il logique ? Si l'âme et le corps n'ont rien de commun, aucune relation ne peut exister entre eux ; s'ils ont quelque chose de commun, « le milieu qui les unit est impliqué dans l'un et dans l'autre à la fois », donc ils ne sont pas distincts substantiellement. Sully Prudhomme précise avec beaucoup de force cette identité probable de la substance dans l'apparente hétérogénéité des phénomènes. Le fait que la pensée transmet le mouvement à la volonté, et, par la volonté, à la puissance nerveuse, prouve la dépendance et la connexité des deux ordres de phénomènes, mais non pas la transformation d'un ordre dans l'autre. Le physique *conditionne* le moral, il ne le *produit* pas. La matière, essence active, doit être relevée du mépris des spiritualistes ; l'esprit, chose inconnue, mais pas plus inconnue que la matière (dont le vulgaire se fait, par l'usage irréfléchi des sens, une notion purement illusoire), en est *substantiellement* indiscernable. Concluons qu'il serait sage de bannir des discussions philosophiques

les mots *esprit* et *matière*, comme trom-
peurs et vides de sens, en tant qu'on prétend leur faire désigner des substances
distinctes.

*

Au commencement de 1870, Sully Prudhomme perdit sa mère, son oncle et sa
tante. De toute sa famille, seule, Mme
Gerbeault, sa sœur aînée, survécut ; elle
vit encore, avec Henri Gerbeault, son fils,
neveu du poète.

La guerre l'enleva à ses chères études,
et ce fut volontairement. Il aurait pu se
prévaloir de sa santé et déjà de son âge,
au moins pour choisir le service relativement doux de la garde nationale sédentaire :
il voulut s'enrôler dans la garde mobile avec
son ami Léon Bernard-Derosne, auquel il
a dédié ses premières poésies. A la fin du
siège, il quitta Paris pour aller se reposer
à Clermont-Ferrand, où il emportait le
germe d'une maladie incurable. Pendant

les troubles de la Commune, il crut de
son devoir de rentrer à Paris, ayant toute
la partie inférieure du corps presque pa-
ralysée. Puis il fit une cure à Vichy, où
il faillit mourir. Les forces physiques ne
lui revinrent qu'en partie ; mais sa force
intellectuelle resta entière jusqu'à la fin,
l'activité philosophique empiétant seulement de plus en plus sur l'activité poétique et finissant par la remplacer tout à
fait.

Quatre pièces sous ce titre: *Impressions
de la guerre*, et dix sonnets intitulés : *La
France*, consacrent le souvenir de l'année
terrible. Le sentiment qui a inspiré les
plus beaux vers de ce groupe, c'est tout
simplement l'amour de la patrie. Le pa-
triotisme s'était endormi sous diverses in-
fluences, notamment sous celle de la philosophie allemande issue de Schelling et
de Hegel, que Sully Prudhomme avait
beaucoup pratiquée ; la rude épreuve de
1870 le réveilla salutairement :

J'aimais froidement ma patrie,
Au temps de la sécurité....
Je m'écriais avec Schiller :
« Je suis un citoyen du monde!....

Mon compatriote, c'est l'homme! »
Naguère ainsi je dispersais
Sur l'univers ce cœur français :
J'en suis maintenant économe.

J'oubliais que j'ai tout reçu,
Mon foyer et tout ce qui m'aime,
Mon pain et mon idéal même,
Du peuple dont je suis issu,

Et que j'ai goûté dès l'enfance
Dans les yeux qui m'ont caressé,
Dans ceux mêmes qui m'ont blessé,
L'enchantement du ciel de France !

Le neuvième sonnet résume en deux vers admirables ce qu'un homme né Français peut dire de plus juste et de plus profond sur l'amour qu'il doit avoir à la fois pour sa patrie et pour l'humanité :

Je tiens de ma patrie un cœur qui la déborde,
Et plus je suis Français, plus je me sens humain.

*

Le poème des *Destins*, publié en 1872, mais conçu et composé en grande partie avant la guerre, a ses beautés, ses obscurités aussi ; nous pouvons sans trop de regret le passer sous silence, ce poème ne contenant guère d'idées que le poète ou le philosophe n'ait, en vers ou en prose, exprimées ailleurs plus heureusement.

La *Révolte des fleurs* (même année) est un opuscule négligeable aussi, malgré deux jolis vers sur les fleurs artificielles, qui, si parfaitement imitées qu'elles soient, n'ont point et ne peuvent avoir de charme, « n'ayant pas de fragilité ».

Le *Prisme*, publié plus tard, est en réalité sans date, parce que ce recueil se compose de morceaux dispersés et d'inégale valeur, — *Fleurs d'herbier* (comme l'auteur appelle dix de ces pièces), — écrits à différentes époques. Le *Tourment divin*, dont nous aurons à reparler, est le poème le plus important et le plus beau du *Prisme*.

En 1875, parurent les *Vaines tendresses*
et le *Zénith*.

Le titre de *Vaines tendresses* ne s'ap-
proprie pas au contenu du volume aussi
exactement que celui de *Solitudes* au
recueil de ce nom. Ces mots semblent devoir signifier que l'amour humain embrasse
une chimère, un bonheur mensonger, ou
encore l'ombre du véritable amour, de
celui qui aura sa plénitude dans un autre
ciel. Mais, bien que cette seconde idée
apparaisse çà et là dans les *Vaines tendresses*[1], c'est dans les précédents recueils
que le poète l'avait exposée avec le plus
de clarté, dans *Plus tard* des *Stances*,
dans la bluette charmante d'*Ici-bas* :

> Ici-bas tous les lilas meurent,
> Tous les chants des oiseaux sont courts ;
> Je rêve aux étés qui demeurent
>   Toujours....

[1] *Ce qui dure, Évolution, L'étranger, Les amours
terrestres, Les infidèles.*

Ici-bas les lèvres effleurent
Sans rien laisser de leur velours ;
Je rêve aux baisers qui demeurent
        Toujours....

Ici-bas tous les hommes pleurent
Leurs amitiés ou leurs amours ;
Je rêve aux couples qui demeurent
        Toujours....

Un poète qui, pour ne pas désigner ses
œuvres par de simples numéros d'ordre,
« Premières poésies », « Nouvelles poésies », etc., les intitule *Feuilles d'automne* ou *Vaines tendresses*, n'a point
écrit ses vers en vue de ces titres et
il ne prétend pas non plus adapter ces
titres à tous ses vers. C'est le hasard de
l'heure où fut liée la gerbe qui fait que le
Rire, le *Conscrit*, le sonnet *A Ronsard*
sont dans les *Vaines tendresses* et que
Ma fiancée n'y est pas. Mais, en général,
il est possible de distinguer dans les recueils successifs de Sully Prudhomme un
ton dominant, une *couleur* qui permet de

les dater et de ne pas les confondre entièrement les uns avec les autres.

Les *Poèmes* sont l'époque de l'allégresse
et de l'entrain. Le jeune homme célèbre
alors l'action, le travail collectif, la foi au
progrès de l'humanité, à la mission civili-
satrice de l'art et de la poésie, à la gloire ;
c'est alors aussi qu'il gourmande avec une
verte rigueur l'indifférence sceptique de
Musset. Mais, de même que dans une symphonie l'allegro annonce le thème que déve-
loppera l'andante, déjà s'entend, dans plus
d'un passage des *Poèmes*, la plainte qui
prendra plus tard le dessus, plainte tendre et douce, rarement ironique ou amère,
mais qui peut être triste jusqu'à la mort.

Comme cette tristesse est celle d'un sage,
elle n'est pas toute désespérée, selon la formule trop simple des pessimistes, tels que
Alfred de Vigny et Leconte de Lisle ; elle
continue donc à louer, dans les *Épreuves*,
la solidarité humaine et l'amour social[1], à

---

[1] *Homo sum, La patrie, Un songe.*

glorifier l'*Action*, si bien qu'un groupe de dix-neuf sonnets du nouveau recueil porte ce titre. Mais l'action même devient *contemplative*, si j'ose risquer cette contradiction dans les termes ; elle ne diffère pas essentiellement du *Rêve*, titre d'un autre groupe, où deux sonnets charmants nous montrent le poète étendu « dans l'herbe, sur le dos, la nuque dans les mains, les paupières mi-closes », et se comparant lui-même à un nuage léger et fugitif :

Tel change incessamment mon être avec mon âge ;
Je ne suis qu'un soupir animant un nuage,
Et je vais disparaître, épars dans l'infini.

Dans un autre *rêve*, il s'étonne qu'aucun mort ne soit encore allé dire à ceux qui ne sont pas nés, aux peuples de demain « tressaillant déjà au sein des vierges mûres, réclamant la vie et le bonheur », que le faux hymne de joie qu'ils entendent, de leurs limbes, s'élever sur la terre, est fait de pleurs, de cris et de douleurs sans nombre.

Le *Vœu* (de célibat), que j'ai cité plus haut, — « un des cris les plus lugubres, a-t-on dit, qui soient sortis de la poitrine de la pauvre humanité », — appartient au recueil des *Vaines tendresses*. Le néant, chez Leconte de Lisle, ne s'exprime nulle part avec une plus sombre et magnifique éloquence que dans ces vers de Sully Prudhomme *Sur la mort :*

Toute forme est sur terre un vase de souffrances,
Qui, s'usant à s'emplir, se brise au moindre heurt ;
Apparence mobile entre mille apparences,
Toute vie est sur terre un flot qui roule et meurt.

L'amour et la mort sont deux idées, deux choses naturellement associées par l'attraction de l'infini qui est dans chacune d'elles, et parce que « un abîme, comme dit l'Écriture, appelle un autre abîme ». Leur embrassement est étroit dans les *Vaines tendresses*. Les amants de *Un*

rendez-vous, ayant en vain cherché le bonheur dans le joyeux tumulte de la vie,
n'imaginent rien de plus délicieux que de
rêver qu'ils sont unis dans le profond
silence du tombeau.

> Aimons en paix : il fait nuit noire.
> La lueur blême du flambeau
> Expire.... Nous pouvons nous croire
> Au tombeau....
>
> Nous sommes sous la terre ensemble
> Depuis très longtemps, n'est-ce pas ?
> Écoute en haut le sol qui tremble
> Sous les pas....
>
> Je ne sais plus quelle aventure
> Nous a jadis éteint les yeux,
> Depuis quand notre extase dure,
> En quels cieux....
>
> Mais qu'importe ! O mon amoureuse,
> Dormons dans nos légers linceuls,
> Pour l'éternité bienheureuse
> Enfin seuls !

L'avant-goût du sépulcre « réjouit les

os », non seulement du trappiste, mais du viveur ; l'homme qui a trop usé de la vie éprouve *L'attrait de la tombe :*

> Celui que n'ont pu soulager
> Les voluptés et leur mensonge,
> Rêve un linceul frais et léger
> Où sa lassitude s'allonge....
>
> Son âme avide de repos
> Et dans tous les lits malheureuse
> Rêve pour elle et pour les os
> Une alcôve infiniment creuse.

Les voluptueux aspirent à la tombe pour reposer leur chair ; l'amour pur aspire à la mort comme à la libératrice de l'âme. La jeunesse de Sully ne fut pas tellement exceptionnelle qu'il n'ait goûté aux fruits défendus, tentateurs éternels d'Adam, et sa poésie, riche d'expériences diverses, n'affecte point d'ignorer les appétits inférieurs ; mais ce n'est jamais pour les glorifier ou les absoudre, et la censure même du moraliste est peu féconde en allusions à ce sujet [1].

La rareté des pièces consacrées à l'amour sensuel dans l'œuvre de notre poète doit être signalée comme un de ses mérites les plus originaux ; car, à l'époque où ses premières poésies parurent, la littérature qu'on a nommée « brutale » ou « perverse » était à la mode ; elle consistait soit en un naturalisme grossier, soit en une sensualité raffinée. Sully Prudhomme ne raffine que la pensée et le sentiment : spiritualisant l'amour, il élève cette idée à un tel degré de pureté que la femme ou plutôt la vierge qu'il aime, de plus en plus transfigurée et sublimisée, cesse d'être une créature terrestre pour devenir une essence divine, une en-

---

[1] Dans les *Stances* et *Poèmes* : « Rencontre » ; « Combats intérieurs » et « Déception » dans les *Solitudes* ; dans les *Vaines tendresses*, « la Volupté » et, surtout, le très beau sonnet des *Épreuves* : « Profanation. »

lité platonicienne, la Beauté, l'Amour, la
Vérité, le Bien :

....Plus on vaut, plus fièrement on aime,
Et qui rêve pour soi la pureté suprême
D'aucun terrestre amour ne daigne emplir son cœur.

« Les terrestres amours ne sont qu'une
aventure » ou encore une image de l'amour
idéal qui sera réalisé ailleurs : ainsi, dans
la traversée de l'océan, les passagers d'un
même navire prennent pour une amitié
vraie les relations éphémères que l'occasion a fait naître, et, parvenus au port,
« ne s'y souviennent plus de leurs liens
légers ». Si le poète s'amuse ici-bas à quelque amourette, c'est en attendant « son
éternelle épouse », celle qui doit venir à
sa rencontre « dans l'immuable Eden ».
Dans le dernier grand poème de Sully
Prudhomme, dans le *Bonheur*, l'idéal
prendra une forme féminine, une splen-
deur d'étoile et le nom de *Stella*.

II

Maturité.

Le 15 avril 1875, par un ciel serein qui semblait promettre une ascension heureuse, le *Zénith* emportait dans les airs trois aéronautes, Crocé-Spinelli, Sivel et Gaston Tissandier, pleins d'allégresse et d'espérance. Ce n'était pas un vain voyage d'agrément qu'ils se proposaient. L'entreprise était purement scientifique. Il s'agissait de pousser plus loin et plus haut des observations commencées dans deux ascensions précédentes sur la spectroscopie, l'hygrométrie, l'électricité atmosphérique, la température des régions élevées et les divers courants aériens.

Une première étape de 3500 mètres fut

vite et facilement atteinte et dépassée. A
7500 mètres, Sivel s'évanouit ; il n'avait
plus la force de saisir le tube communi-
quant avec un réservoir d'oxygène dont
l'inspiration lui aurait permis de résister
à la dépression excessive de l'air. Le ballon montait encore. A 8000 mètres, ce
fut au tour de Crocé-Spinelli de tomber
vaincu au fond de la nacelle. Tissandier,
plus solide, appelait et secouait en vain
ses deux compagnons. Et le ballon montait toujours. Il fallait redescendre à tout
prix. Par quel effort désespéré le survi-
vant réussit-il enfin à ouvrir ou à déchirer la soupape ? Le fait est que le ballon,
se précipitant tout à coup d'une chute
vertigineuse, heurta la terre violemment,
et qu'on retira de dessous une masse de
débris deux cadavres accroupis sous leurs
couvertures, la face noire, la bouche en-
sanglantée, et un homme vivant encore,
mais fou d'épouvante, qui avait perdu le
sens de l'ouïe...

La catastrophe du *Zénith* produisit une immense émotion. Vingt mille personnes suivirent au cimetière les corps des victimes. Sully Prudhomme a élevé à leur mémoire le monument superbe d'un poème de quarante-cinq strophes de six vers, qui est le sommet de sa poésie, son *zénith* aussi, si j'ose dire.

Le début de ce poème glorifie les conquêtes de la science étendant peu à peu son empire sur l'univers entier, chassant le troupeau des divinités grossières, Saturne, Jupiter, Vénus, toutes les vieilles idoles, « sous le grand fouet d'éclairs que brandit la Raison », et menaçant même le Dieu des chrétiens, « le dernier dont le culte demeure ».

L'homme achève aujourd'hui par l'osier des nacelles
L'attentat commencé par les rocs des Titans.

Départ des aéronautes. — « Dans un emportement qui ressemble à la joie, le ballon, qui poursuit son fuyant équilibre,

s'engouffre... par la fuite du lest au ciel
précipité. » — La foule des badauds admire en tremblant ces téméraires et ne les
comprend pas. « Quel est le but de cette
folle escalade ? » — « Nous allons conquérir un chiffre seulement », un chiffre
sans éclat, car nous n'avons pas la prétention de « vaincre en un jour tout l'inconnu d'emblée », comme le rêvaient les
physiciens ambitieux de l'antiquité ; c'est
pas à pas que procède la science vraie
pour avancer sûrement.

> Ils montent, épiant l'échelle où se mesure
> L'audace du voyage au déclin du mercure....

Ce distique n'est point, comme on l'a
cru à tort, une périphrase dans le goût
du xviiie siècle, désignant vaguement le
baromètre pour ne pas le nommer ; c'est
la traduction en style juste et précis d'un
fait scientifique. L'audace croissante des
aéronautes, la baisse rapide du baromètre
qui la mesurait, devaient être mentionnées

dans un langage d'autant plus exact que ces hommes étaient conscients de leur témérité, et qu'elle allait leur coûter la vie.

> Ils goûtent du désert l'horreur libératrice.
> Mais, si vite arrachée à sa ferme nourrice,
> La chair tressaille en eux....
> La chair, au sol vouée, implore la descente ;
> L'esprit ailé lui crie un *sursum* infini.

Et la plus dramatique des luttes s'engage entre la chair et l'esprit, entre la malheureuse qui supplie son « maître » d'avoir pitié, et le fier dominateur qui lui répond : « Plus haut ! plus haut ! te dis-je ; monte, esclave, monte encore ! »

> Mais épuisée enfin la chair plie et s'affaisse,
> Et comme un feu sacré dont se meurt la prêtresse,
> L'esprit abandonné s'abat évanoui....

Le poète termine par l'apothéose de ces deux héros, non seulement plus glorieux, mais infiniment plus *vivants* que les hom-

mes inutiles et d'une médiocrité dite heureuse, qui sont les véritables *morts*, car
« ceux-là seuls sont morts qui n'ont rien
laissé d'eux ».

> Mais quelle mort ! la chair, misérable martyre,
> Retourne par son poids où la cendre l'attire.
> Vos corps sont revenus demander des linceuls.
> Vous les avez jetés, dernier lest, à la terre,
> Et, laissant retomber le voile du mystère,
> *Vous avez achevé l'ascension tout seuls !*

Voilà le sublime, ou il n'en est point
dans toute la poésie du monde. Un tel
vers égale, il surpasse ce qu'il y a de
plus grand et de plus haut dans Corneille.

*

Sully Prudhomme obtint en 1877 le grand
prix Vitet. L'année suivante, il acheva et
publia son magistral poème de la *Justice*,
qu'il méditait et polissait depuis huit ans.
On peut citer, dans sa production poéti-

que, des œuvres plus parfaitement belles peut-être, certainement plus charmantes ; il n'y en a point de plus extraordinaire par la force et l'intensité de la pensée, par l'originalité de la composition, enfin par le talent prestigieux d'un style sans analogue dans toute la poésie française.

L'idée du poème est que la justice est absente du monde, absente de la nature, absente de la société, non de la société idéale, que réalisera peut-être l'avenir, mais des sociétés actuelles et réelles. Point de justice dans les relations des espèces les unes avec les autres ; point de justice, à l'intérieur d'aucune espèce, entre les individus dont elles sont composées. Qu'est-ce qu'un animal ? un gouffre qui rôde, affamé et béant.

> Chaque vivant promène, écrit sur sa mâchoire,
> L'arrêt de mort d'un autre exigé par sa faim.

Il faut tuer ou mourir : choisissez, il n'y a pas de troisième issue.

Ce précepte m'émeut : « Ne fais pas au prochain
Ce que tu ne veux pas qu'il te fasse à toi-même. »
Pourtant, s'il le faut suivre en sa rigueur extrême,
Il n'est d'autre avenir que de mourir de faim.

Femmes, bien que votre bouche soit
douce et petite, elle est armée. Hommes,
vous êtes sans pitié pour la faune et la
flore ; la chasse impie est pour vous un jeu
princier ; vous vous enivrez de ce délire,

> L'ouragan des chiens, leurs abois,
> Et la fanfare qui déchire
> La tressaillante horreur des bois ;

> L'hallali, l'assaut du colosse
> Qui se débat, les chiens au flanc,
> Secouant leur grappe féroce
> Dans les entrailles et le sang !

Mais quel défi scandaleux à la droite
raison ! L'homicide est puni par vos lois
comme le pire des crimes :

Le même acte, en dépit des mots dont on le nomme,
S'il n'est crime envers tous, ne l'est point envers
                                        [l'homme,
Et, s'il est crime en haut, l'est à tous les degrés.

VÉRITÉ — 5

Ailleurs, dans son livre sur l'*Expression dans les Beaux-Arts*, le philosophe dénoncera la contradiction criante qui nous fait sans scrupule écraser un insecte, instituer des sociétés protectrices pour certains animaux, massacrer les autres à la chasse ou les assommer à l'abattoir.

Entre les États, la justice ne règne pas plus qu'entre les espèces ; la seule différence est que la violence s'y complique de plus de ruse et que l'effusion du sang n'y est pas réglée par l'exigence stricte des besoins. Un roi nègre, voisin du gorille par l'âme et par la forme, est-il pour nous un frère ? Allons donc ! il l'est moins que notre chien. Quel honnête homme se ferait le moindre scrupule de tuer d'un signe, là-bas, « le mandarin » dans l'ombre ? — Entre les classes un rempart séculaire s'élève, « fait de pavés croulants, de trônes effondrés », qu'ont dressé la peur et la colère.

La justice n'existant pas sur la terre, le

penseur a-t-il un espoir raisonnable de la trouver dans quelque autre monde, dans ce que les religions appellent le ciel ? Non, « le ciel s'évanouit quand la raison se lève ». La matière et ses lois nous apparaissent comme identiques dans l'univers entier. La fatalité de la gravitation universelle rend illusoire toute apparence de liberté. « J'ai peur de l'uniforme éther. »

Nous savons maintenant, par leurs échantillons,
Que les astres sont tous de matière identique,
Comme ils sont tous régis, dans leur fuite elliptique,
Par un même concert de freins et d'aiguillons.

Chaque être a l'air d'agir selon sa volonté, mais tout est soumis à la loi du déterminisme.

Nul acte qui ne soit un nécessaire effet,
Nul effet révolté contre sa propre cause,

Je dois ici présenter au lecteur une citation intégrale, afin de lui faire bien voir comment est composé le poème et dans quel style il est généralement écrit.

La *Justice* comprend deux parties, dont la première est divisée en six « Veilles ». Une suite de quarante-six sonnets développe dans cette première partie intitulée *Silence au cœur!* le procès à la nature, à la société, au Dieu hypothétique qui aurait fait l'homme et les mondes. « Une voix », la voix du cœur, répond chaque fois au philosophe, — que le poète appelle « le chercheur », — en trois quatrains de huit syllabes et un quatrième quatrain, interrompu ; le chercheur réplique, et il achève le quatrain par deux petits vers de même mesure.

Voici un spécimen complet de cette dialectique. Au chercheur, qui nie le libre arbitre et affirme l'empire de la nécessité, la voix répond avec indignation ; mais c'est le chercheur qui a le dernier mot, et il en est ainsi dans toute la première partie. — On remarquera la beauté étrange

et spéciale d'un style absolument unique
dans notre poésie. Peu ou point de bril-
lantes images. Un tableau éclatant — tel
que celui qu'on a vu tout à l'heure, de
« l'ouragan des chiens » et du sanglier as-
sailli qui «secoue dans le sang leur grappe
féroce » — est exceptionnel. Mais ce style
sans couleur est beau de l'austérité même
où il se condamne. Jamais le vers français n'a condensé tant de substance dans
une forme si claire : elle doit sa transpa-
rence idéale à la rigoureuse pureté d'une
langue tout abstraite et toute nue.

LE CHERCHEUR

Seul le plus fort motif peut enfin prévaloir ;
Fatalement conçu pendant qu'on délibère,
Fatalement vainqueur, c'est lui qui seul opère
La fatale option qu'on appelle un vouloir.

En somme, se résoudre aboutit à savoir
Quelle secrète chaîne on suivra la dernière ;
Toute l'indépendance expire à la lumière,
Puisqu'on saisit l'anneau sitôt qu'on l'a pu voir.

Tout ce qu'un être veut, son propre fond l'ordonne ;
Mais l'ordre, irrésistible à son insu, lui donne
Le sentiment flatteur qu'il est sollicité.

Ainsi la liberté, vaine horreur de tutelle,
N'est que l'essence aimant le dernier joug né d'elle,
L'illusion du choix dans la nécessité.

UNE VOIX

Debout ! debout ! O Macchabées !
O Léonidas, ô Brutus !
O Christ, ô victimes tombées
Pour les droits ou pour les vertus !

Debout ! grands saints et grands stoïques !
Et de toute votre hauteur
Laissez vos linceuls héroïques
Descendre sur cet imposteur !

Qu'il sente sur sa tête infâme
Leur poids grossir comme un remords !
Qu'il entende sourdre en son âme
L'anathème indigné des morts !

J'irai sans lui, d'un seul coup d'aile,
Droit au cœur de la Vérité.

LE CHERCHEUR

Sous l'anathème immérité
J'y rampe, explorateur fidèle.

La vérité triste, que le chercheur a trouvée « en rampant », c'est que ce monde
est très mauvais. L'égoïsme s'y cache au
fond des sentiments les meilleurs en apparence ; il corrompt le désintéressement lui-
même. « C'est l'intérêt du cœur qui pousse
au sacrifice. » Dieu, s'il existe, n'est pas
bon. Sa puissance éclate peut-être, « mais
sa justice, où donc est-elle ? » Attribuer à
un Père de toutes les créatures un monde
où l'iniquité règne, c'est blasphémer. Mieux
vaut nier son existence. « Quiconque a senti
l'ordre du monde inique, s'il n'est pas un
athée, est un blasphémateur. » Ainsi le
pessimisme est la conclusion de la première
partie du poème.

Mais il y en a une seconde, composée
de quatre veilles, et qui porte ce titre si-
gnificatif : *Retour au cœur*. Le cœur qui

a protesté dès le début, mais que le chercheur rabrouait toujours en lui répétant :

> C'est pour m'instruire que je sonde,
> Et non pas pour me consoler,

le cœur, organe lui aussi de la vérité, finit
par avoir le dessus.

Depuis ses premières poésies, le dua-
lisme de la raison et du cœur inquiétai
le poète :

> L'intelligence dit au cœur :
> « Le monde n'a pas un bon père ;
> Vois, le mal est partout vainqueur. »
> Le cœur dit : « Je crois et j'espère... [1] »

Le deuxième sonnet de la *Justice* redit

En moi-même se livre un combat sans vainqueur
Entre la foi sans preuve et la raison sans charme

et le quatrième sonnet de la septième veill

[1] *Intus* (dans les *Stances*).

découvre enfin l'argument qui va rendre au cœur — ou à la conscience — son autorité supérieure : c'est la constatation, d'une importance capitale dans la philosophie de Sully Prudhomme, que le *sentiment* de notre obligation morale est plus fort et plus sûr que tous les *raisonnements* par lesquels on essaie de démontrer qu'il est illusoire. Si les destins ou les dieux n'ont qu'un souverain mépris pour le droit en souffrance, d'où vient que cette indifférence m'est impossible, à moi homme, et que je ne puis faire tort à quelqu'un sans en éprouver du remords ? Si, mes actes mauvais n'étant point libres, je n'en suis pas l'auteur responsable, d'où vient qu'un importun censeur dont je subis le frein s'ingère dans ma conduite et la juge ? Mon cœur, refusant d'innocenter ce qu'absout ma raison, « aurait-il des raisons qu'elle ne comprît pas ? »

— Enfin ! s'écrie alors la Voix qui n'a jamais cessé de se faire entendre,

> Ah ! Dieu t'a sans doute envoyé
> Ce soupçon dont l'aveu t'échappe,
> Pour que ton âme s'y rattrape
> Ainsi qu'à l'épave un noyé !

> Ne la lâche pas, cette planche
> Offerte à tes efforts déçus ;
> Des doigts, du coude, et de la hanche,
> Et du genou grimpe dessus !

Le style du poète s'anime ici d'une vie et d'une couleur inusitées, sa conscience devient un radeau d'où le ciel entier s'éclaire au loin devant sa vue, et à l'horizon il aperçoit « l'arc d'alliance entre son cœur et sa raison ».

La huitième veille est un résumé en vers alexandrins des phases de la crise dont le poète va sortir.

Que la justice soit absente du monde, cela n'empêche pas que nous en avons l'idée, une idée qui s'impose à nous et veut être réalisée. Renonçons à la chercher dans la nature. Renonçons à étendre aux choses et à leur cause inconnue la catégorie tout humaine de moralité. Renonçons à nous faire aucune représentation de Dieu. Notre idée de la Divinité est nécessairement fausse, étant formée d'éléments humains fictivement élevés à la perfection, et l'idole que nous nous forgeons ainsi, idole cruelle en réalité et inique, se montrant par le fait indigne de notre adoration. « L'univers s'est fait sans la vertu. » Quand l'idée de la vertu nous est-elle née ? D'où nous vient-elle ? Mystère. Mais elle existe en nous. C'est dans ce for intérieur seulement que je te découvre, ô Justice ! « Il y fait noir, bien noir, mais je te reconnais. » Construisons la cité humaine d'après cette idée. Ne commettons plus l'erreur funeste, génératrice du pessimisme et du désespoir, qui, supposant que la justice puisse se trouver ailleurs qu'en nous-mêmes, fait à l'univers l'honneur de le « traiter en humaine cité ». Autant que le pessimisme, l'optimisme nous égarerait, si nous avions la faiblesse de croire que le bien est déjà

réalisé sur la terre ; il n'est qu'un idéal
où nous devons tendre de tous nos efforts
et aspirer de toute notre âme.

La dixième et dernière veille construit
donc « la Cité », après que la neuvième,
en strophes d'une superbe envolée lyri-
que, a célébré la conscience, la justice, la
dignité, sentiments et vertus qui n'appar-
tiennent qu'à l'homme et où consiste pour
lui la perfection de sa nature :

Ah ! je sais désormais ce que me signifie
Ma conscience, arbitre et témoin de ma vie,
     Qui ne se trompe ni ne ment,
Ce qu'elle me conseille, ou prohibe, ou commande,
Cette voix qui tout bas si souvent me gourmande,
     Et m'approuve si rarement !...

...Et je sais maintenant d'où nous vient l'allégresse
Qui nous monte du cœur au front, et le redresse,
     Et l'illumine, chaque fois
Que l'âme, en affrontant ce que la chair abhorre,
Soumet la vie à l'ordre, et, sage, collabore
     A l'Idéal avec les lois !...

« La justice est l'amour guidé par la

lumière. » C'est dans la cité qu'elle fleurit. Chaque jour la législation devient plus douce. On voit se multiplier les bons juges, meilleurs que les lois, et qui font prévaloir « les arrêts par le cœur rendus ». Les faibles trouvent dans leur faiblesse même un bouclier qui les protège mieux que leur droit.

> Un jour les cœurs, tous envahis
> Par le grand flux d'amour qui monte,
> De s'être si longtemps haïs
> N'auront plus que surprise et honte.

En terminant, le poète s'avise qu'il a « cherché la Justice en rêveur », et qu'il lui « reste à la poursuivre en homme ». Il faut « marcher à l'Idéal au lieu d'en discourir ». Mais il n'est qu'un poète, que l'ombre tente, que la verdure appelle : doit-il abandonner la lyre, seul instrument où ses doigts se sont exercés, pour prendre la cognée qui abattra la forêt des abus ou la torche qui l'incendiera ? Non, cela

n'est pas absolument nécessaire. « On peut
être à la fois poète et citoyen. » L'art n'a
pas de plus nobles ministres que ceux qui
font servir au règne du bien la recherche
du vrai et le culte du beau. Chanter, c'est
agir, quand la rime fait entendre d'héroïques appels, quand le clairon sonne
dans un vers nombreux. Et, s'adressant
à André Chénier, l'artiste délicat « affamé
de justice » qui mourut pour l'avoir aimée
et servie, l'auteur de la *Justice* conclut
en ces termes :

O Maître, tour à tour si tendre et si robuste,
Rassure, aide et défends par ton grand souvenir,
Quiconque sur sa tombe ose rêver d'unir
Le laurier du poète à la palme du juste.

Tel est ce fier poème de la *Justice*,
chef-d'œuvre infréquenté à cause de sa
profondeur que la pensée redoute, de sa
très savante composition qui force le lecteur à une allure lente ou à des temps

d'arrêt, et du paradoxe d'un style inouï dans la langue poétique.

*

Sully Prudhomme, successeur de Duvergier de Hauranne à l'Académie française, prononça son discours de réception le 23 mars 1882.

J'y relève une jolie pensée sur le prix dont se paie la littérature claire et de facile intelligence, pensée applicable, par opposition, à son propre cas d'écrivain :

« Duvergier de Hauranne était de ces intelligences avides de voir clair qui renoncent à la profondeur en haine de l'obscurité. C'est que l'évidence, hélas ! pareille à la lumière, ne s'attache qu'à la surface des choses et en laisse le fond dans la nuit. »

Le nouvel académicien appelle la poésie « le plus délicieux produit de la culture humaine », et il admire comme une vertu

à jamais inaccessible pour lui l'abnégation
de l'homme qui, étant capable de penser,
se résout et se résigne à faire de la politique active :

« Il est une vertu que je m'efforcerais
en vain d'égaler. Quand je songe à l'attrait impérieux, irrésistible, des sciences
et des lettres, et que je rencontre un écrivain, un philosophe, un historien ou un
savant, en un mot un penseur, qui se fait
homme politique, j'admire son abnégation.
Sacrifier la paix auguste du laboratoire,
la féconde solitude du cabinet, au devoir
de l'homme d'État dans le tumulte et le
bruit de la vie publique, est un héroïsme
devant lequel je m'incline. Il faut, certes,
aimer son prochain plus que soi-même
pour s'imposer la tâche ingrate de lui faire
observer la justice et de le gouverner, au
prix des jouissances de la science et de
l'art. »

Sully Prudhomme a toujours célébré
l'action virile, soit qu'il fasse sévèrement

la leçon à Musset, soit qu'il réunisse sous
le titre d'*Action* un groupe important de
sonnets des *Épreuves*, et l'épilogue de la
Justice vient encore de nous recommander
cette vertu avec une grave éloquence; mais
il faut redire ici que l'action qu'il a lui-
même exercée ne fut jamais qu'une forme
de la contemplation.

*

L'Expression dans les Beaux-Arts
(1883) est un gros traité d'esthétique de
412 pages, où tous les arts, — y compris
la danse, mais hormis la poésie, — sont
l'objet de considérations générales métho-
diquement ordonnées. Dans sa suite et
dans l'ensemble, cet excellent livre est
judicieux plutôt qu'original. La propor-
tion des vérités élémentaires y est un peu
trop considérable pour qu'il présente en
somme un vif intérêt au lecteur curieux de
choses neuves. Cependant, quelques idées

ont une valeur plus rare, et il y en a une qu'il faut mettre à part de tout le reste, car elle est de première importance dans la philosophie du poète.

Sully Prudhomme, nous l'avons vu, était préoccupé, — on peut dire : tourmenté — de la question des rapports du physique et du moral, comme d'un des problèmes les plus obscurs du grand mystère de notre être. C'est l'angoisse subtile du poète des *Solitudes*. L'auteur de la préface à une traduction de Lucrèce a cru découvrir une solution de la difficulté dans l'identification de la matière et de l'esprit, qui, en restant distincts par leurs phénomènes, devraient être confondus en tant que substances. Au septième chapitre de l'*Expression dans les Beaux-Arts*, l'esthéticien dresse un vaste tableau, qui a dû lui demander beaucoup de travail et de temps, de tous les qualificatifs qui conviennent à la fois aux choses morales et aux choses physiques. On dit, par exemple : un froid sombre, un temps mou, et l'on dit aussi : humeur sombre, pensées sombres, sombres pressentiments, caractère mou, mollesse des mœurs, etc. Les mots *profond, bas, tendre, piquant, noir, âpre, aigre, fade, brûlant, tiède, glacé, pâle,* etc., sont des qualificatifs communs aux deux ordres de phénomènes... Je ne sais si pour l'artiste il y a grand fruit à tirer de cette observation, mais elle a son prix pour le philosophe.

L'*anthropomorphisme* est l'erreur humaine innée et indéracinable qui consiste à prêter aux choses et au Principe des choses l'âme et la forme de notre humanité. Cette erreur fausse toutes les idées de l'homme, soit qu'il essaie de se représenter Dieu, soit qu'il rêve une vie et un ciel meilleurs que l'existence terrestre, soit qu'il contemple autour de lui la nature et les animaux. C'est en montrant à l'anthropomorphisme sa vanité, que l'auteur de la *Justice* disculpe Dieu et le monde du crime d'injustice et qu'il exhorte à la justice la cité humaine, seul lieu où cette vertu — purement humaine — puisse et doive régner. C'est parce que l'anthropomorphisme est un incorrigible travers de l'imagination, que le grand poète, cédant à son empire, croira, dans son poème du *Bonheur*, nous donner de la félicité céleste un avant-goût qui n'est, au contraire, que l'arrière-goût des plaisirs d'ici-bas, et que nous oserons trouver plutôt insipide et faible. Le traité de l'*Expression dans les Beaux-Arts* reproduit l'antique remarque, toujours intéressante, que la plupart des êtres du règne animal, végétal et minéral, — rochers, plantes et bêtes, — tirent leur expression de quelque rapport vague ou précis avec la physionomie de l'homme. Au lieu d'exprimer pour notre esprit les essences latentes qu'elles revêtent, les formes de la nature symbolisent à nos yeux l'essence humaine, comme la poésie entière en fait foi.

L'essai d'une définition du beau, — ou la démonstration de l'inutilité d'essayer, — ne saurait faire défaut à un traité d'esthétique. Sully Prudhomme ne définit pas le beau, il le déclare même impossible à définir exactement, mais il en construit l'idée approximative par sa théorie de *l'aspiration*, qui est une des pensées les plus originales de sa philosophie, pendant que sa poésie, de son côté, a pour caractère propre l'aspiration à l'idéal.

L'âme humaine *aspire* au bonheur, à la pleine satisfaction de toutes ses aptitudes. Dans la condition terrestre, ses aspirations dépassent infiniment ses joies réalisables. Le beau est une des faces de l'idéal, comme le vrai, comme le bien, — l'idéal exprimé sous une forme agréable aux sens. Objet d'aspiration, autrement dit de rêve ou de contemplation extatique, le beau idéal reste indéterminé de sa nature et ne peut pas plus être réalisé que défini.

Le sentiment de l'inaccessible est pour

l'artiste une source de haute mélancolie, où se mêle pourtant une joie délicieuse et sereine, « parce qu'on ne tente pas d'atteindre en réalité ce qu'on juge inaccessible, on l'atteint suffisamment par le rêve ; **on jouit de le rêver, sans souffrir du vain souhait qu'il fait naître**; on ne désire, en effet, avec violence et douleur, qu'une chose qu'on juge possible et prochaine, et l'intensité du désir est proportionnelle à la probabilité présumée de la possession. C'est ainsi qu'on est plus irrité de ne pouvoir cueillir un fruit qui pend un peu plus haut qu'on ne le croyait, que d'être privé d'ailes pour visiter le ciel. »

Dans un article approfondi sur le livre que ma critique effleure, Jules Lemaître fait cette remarque piquante, que la conclusion de Sully Prudhomme sur le beau semble opposée à celle où aboutit Jouffroy dans sa célèbre comparaison du beau et du sublime, sans qu'on puisse dire que ni l'une ni l'autre soit fausse, tant les mots sont « de grands pipeurs » ! tant il est vrai que l'esthétique n'est point une science, sa méthode étant l'éloquence qui persuade, non la rigueur qui démontre, et sa *vérité* n'étant pas la chose *prouvée* que tous les esprits sont forcés de croire, mais la chose *plausible* qu'il me plaît de croire dans la liberté de ma raison !

Jouffroy avait dit :

« Le sublime, qui nous rappelle la force se développant par la lutte, nous rappelle la condition humaine. Le beau, qui nous présente le développement facile de la force, nous rappelle moins l'existence humaine que l'existence divine. *Le beau est divin, le sublime est humain.* »

Sully Prudhomme dit, au contraire : le sublime est la distance infranchissable, entre la vie terrestre et la vie supérieure où l'âme aspire, franchie dans un cas extraordinaire et contre toute attente.

« Tandis que la beauté n'est que l'idéal rêvé, le sublime est l'idéal exceptionnelle-

ment réalisé. Le gracieux est tout terrestre, le beau a encore un pied sur la terre,
le sublime avec ses ailes terrestres atteint
le ciel... »

*

Arrivons à l'idée de l'esthétique du
poète philosophe qui lui est propre exclusivement. Elle n'est guère qu'en germe
dans le livre de l'*Expression dans les
Beaux-Arts*. C'est de 1890 à 1906, dans
deux grands articles sur Pascal, dans *Que
sais-je?* dans l'article *Qu'est-ce que la
poésie?* enfin, dans la préface de Sully
Prudhomme à l'ouvrage de M. Camille
Hémon sur sa philosophie, qu'elle a reçu
peu à peu son plein développement. Nous
pourrions donc attendre, pour l'exposer,
d'être parvenus aux dernières années de
notre auteur; mais comme l'analyse de
cette idée si importante est l'introduction
naturelle au grand poème du *Bonheur*,

que nous sommes sur le point d'étudier,
je trouve plus à propos de la placer ici.

L'idéal, objet des aspirations de l'artiste, est naturellement irréel, puisque ces
deux mots sont synonymes ; mais *irréel...*
peut-être... *sur notre terre seulement.* Ce
n'est point une hypothèse absurde de supposer que l'aspiration de l'âme annonce
et révèle les réalités de l'au delà. Il est, au
contraire, tout à fait invraisemblable,
d'une part, que, dans la multitude des astres, notre minuscule planète soit l'unique
siège d'élection de la vie ; d'autre part,
que la série ascensionnelle des êtres, que
nous voyons s'élever de la pierre à
l'homme, s'arrête et se termine à lui.

L'universelle ascension de la nature
montant, de degré en degré, jusqu'à
l'Idéal suprême, jusqu'à Dieu, est le sujet de la plus belle pièce du *Prisme*, le
« Tourment divin ». En voici l'idée essentielle : le lys *vit plus*, c'est-à-dire a une vie
plus haute que la pierre ; le papillon vit

plus que la fleur, l'enfant vit plus que
l'insecte, et la petite flamme qui s'élève et
vacille sous son front, c'est l'âme déjà,
« c'est l'étoile qui pense au fond des yeux
humains ». Moi qui suis homme et juge
davantage, je ne suis que le frère aîné des
enfants ; comme eux, j'interroge ; comme
eux j'ignore la raison des phénomènes et
je prends pour des choses réelles les spec-
tres de mes sens hallucinés.

...Le monde entier travaille au suprême cerveau...

Quand donc sur la dernière assise enfin gravie,
Après avoir monté tous les degrés du ciel,
Trônera la Pensée au faîte de la Vie,
Conscience du monde et phare universel ?

Tant de rêveurs sont nés dont ne reste plus trace !
Quand donc aura trouvé sa figure et son lieu
Le prince et le dernier de la plus haute race,
Le vivant idéal qu'on doive nommer Dieu ?

De la pierre à la fleur, de la fleur à la bête,
Jusqu'à l'homme, en chaque être ici-bas quelque
[instinct
L'invite à regarder au-dessus de sa tête
Vers l'être plus vivant que jamais il n'atteint !

Que l'homme ne s'enorgueillisse pas
trop de sa supériorité sur ses frères plus
humbles. Elle consiste, au fond, dans une
misère qui lui est propre et que les autres espèces ne connaissent pas, dans la
conscience douloureuse de l'impossibilité
d'atteindre ici-bas le bonheur, la science,
la sagesse, la vérité, la beauté, bref le bien
idéal où son âme aspire.

Mais il lui est permis d'espérer. Assurément, la preuve n'est point faite que les
émotions esthétiques, ainsi que la voix de
la conscience morale, soient révélatrices
du divin, et que le beau, comme le devoir,
ait dans quelque monde supérieur « une
racine réelle ». « De ce qu'il y a d'autres
mondes habitables et très probablement
habités, il ne s'ensuit pas que ces mondes
recrutent leur population dans nos tom-
bes. » Il faudrait commencer par nous assurer que la mort ne nous anéantit pas, et
de cela non plus la preuve n'a jamais été
faite. Cependant il est vraisemblable que

l'aspiration de l'âme est « objective », et a pour objet autre chose qu'une trompeuse idée. L'*objet*, pour être situé hors de nos prises, *de nos prises actuelles*, n'en existe pas moins et nous en avons l'intuition dans notre conscience.

« Lever les yeux est le propre de l'homme... Il y a de la piété dans l'admiration. » La beauté, entendue au sens le plus large — celle des actions comme celle des formes, la beauté morale comme la beauté esthétique — suscite en nous un sentiment composé d'amour, d'adoration, d'extase, qui est éminemment humain et exclusivement humain, puisque seule l'éprouve la créature supérieure placée au sommet du monde terrestre et aux confins de celui que nous ne connaissons pas, mais que nous anticipons par le rêve.

« Il existe un pont, jeté par le Beau, entre la terre et le ciel, ou, plus exactement, entre l'essence la plus complète et la

plus digne qui soit liée à la terre, et le monde
des essences encore supérieures qui s'échelonnent dans la population de l'infini. »

Un an avant sa mort, le poète écrivait :

« L'esthétique est, à mes yeux, partie
intégrante de l'ontologie... L'expression
du beau par certaines formes et par certains actes volontaires est pour moi révé-
latrice d'un ordre de choses que je crois
réel... En présence d'une belle statue,
d'un beau tableau, d'un beau temple, d'un
trait d'héroïsme ou de charité, *j'admire*
et j'aspire. A ces deux états psychiques
correspond, selon moi, quelque objet supérieur dont la marque est imprimée soit
dans la matière, soit dans l'action... Cette
qualité — la beauté — à la fois objective et incomplètement définissable, éveille
en moi, dans l'aspiration, une vague image
d'une sorte de ciel qui me ravit et se révèle à titre d'idéal réalisé quelque part,
je ne sais où ni comment, mais j'y ai foi.
C'est ma religion. »

La musique, dans ses œuvres les plus subjectives et les plus hautes, surtout dans les grandes symphonies comme celles que Beethoven composait, qui n'étaient assujetties ni à un livret, ni à une légende, ni à rien d'objectif et de déterminé, mais qui émanaient spontanément de son génie et de son cœur, — la musique est, entre tous les arts, le révélateur par excellence du divin, à cause de sa puissance et de sa liberté sans pareilles dans l'expression des aspirations infinies de l'âme. Les autres arts (il ne s'agit point ici de la poésie) sont tous plus ou moins asservis à la matière, ainsi qu'à l'obligation d'être fidèles à quelque objet précis qui leur est extérieur. En musique, le vague même de l'expression nous permet de l'appliquer à nos propres états moraux. Nous éprouvons un ravissement et une angoisse qui constituent l'extase, pressentiment d'une vie surnaturelle que notre condition terrestre nous rend actuellement inaccessible.

« L'âme sent à la fois l'infinité de son ambition et les bornes de sa puissance ; elle reconnaît que ses aptitudes sont inférieures à ses aspirations ; elle jouit de son rêve et souffre de ne jouir que d'un rêve. »

Le 1er février 1900, Sully Prudhomme répondait, comme directeur de l'Académie, à M. Paul Deschanel, président de la chambre des députés, devenu membre de l'Académie française en remplacement de M. Édouard Hervé, journaliste. On ne s'attendrait guère à voir une pensée sur la musique se glisser dans cette fête de l'éloquence parlementaire, de la politique, de la presse et de la prose ; mais le directeur du *Soleil* ayant eu pour le plus expressif et le plus enchanteur des arts une fervente adoration, notoire dans les salons parisiens, le directeur de l'Académie française y fit allusion en ces termes :

« Il était musicien passionné. Pour son âme endolorie, quel contraste réparateur devaient faire avec les cris discordants d'une polémique orageuse les notes toujours caressantes dans leurs harmonieuses tempêtes comme dans leurs mélodieuses pâmoisons ! Ah ! soustrait au vacarme des cités terrestres, puisse-t-il aujourd'hui goûter la sublime vie que lui révélait la musique divine ! »

Cette phrase qui, dans toute autre bouche, ne serait qu'une assez pauvre phrase, vague, déclamatoire et banale, devient riche de signification quand l'orateur qui la prononce est l'esthéticien de l'*Expression dans les Beaux-Arts* et le poète du *Bonheur*.

Dernières années.

Le poème du *Bonheur* (1888) a une fable, qui rend assez facile d'en faire un résumé suivi.

Faustus, étant mort, ressuscite au ciel, c'est-à-dire dans une autre planète. Il y retrouve Stella, son amante. Stella n'est pas une personne particulière ; c'est la vierge idéale, dont il n'a chéri sur la terre que l'image et qu'il n'a jamais possédée. Habitante plus ancienne de l'astre où s'est éveillé Faustus, elle lui fait les honneurs de son nouveau séjour.

Les sens d'abord y goûtent un parfait contentement. Des saveurs et des parfums délectables, des formes et des couleurs

ravissantes les enivrent. On ne mange que
des fruits.

> Nul être ici ne sacrifie
> Les corps pour respirer construits ;
> La dent n'attaque ici nulle sensible vie
> Et ne mord que la chair des fruits.

On se transporte instantanément d'un
point à un autre par un très noble, mais
très antique mode de locomotion, le cheval, enrichi, il est vrai, de deux paires d'ailes aux flancs et aux pieds. Les spectacles
que les yeux contemplent, — forêts aux
colonnes superbes couronnées de feuilla-
ges, vertes collines, fleurs violettes, bleues,
roses, mer étincelante comme le diamant,
— ressemblent tous aux paysages de la
terre, mais en mieux. Les sculpteurs et les
peintres possèdent enfin leur rêve réalisé :

> Souriante, Aphrodite enlace Praxitèle...
> Le Corrège ici nage en un matin nacré...
> Et tous goûtent le Beau...
> Leur idéal exempt de sa terrestre gaze.

Un chapitre délicieux est consacré à la musique. Faustus rappelle à Stella une nuit de printemps où ils entendirent, sur la terre, chanter le rossignol. Le chant allait de monde en monde, plus haut, plus haut encore...

> L'étoile au cœur de feu qui tressaille et palpite
> Paraissait écouter avec étonnement
> La lyre si puissante et pourtant si petite
> Qui vibrait au gosier de son terrestre amant.

En revenant du parc, les amants parlaient du bonheur parfait « qui ne sera possible qu'ailleurs, plus tard, très loin, très haut ». Stella s'assit à son piano (le noble poète dit : à son *clavecin*), elle joua et chanta.

> Ton chant s'évanouit comme un baiser qui tremble,
> Et sous tes doigts tendus, arrêtés tous ensemble,
>   Expira le dernier accord ;
> Et pâle, les yeux clos, la tête renversée,
> Stella, tu répondis tout bas à ma pensée :
>   « Après la mort, après la mort ! »

Telle est la première partie du poème, intitulée *Les ivresses*, et composée de quatre chapitres, que des « Voix de la terre » coupent régulièrement. Ces voix sont, dans la céleste symphonie, une basse lugubre, une marche funèbre. Elles disent ce que souffre l'humanité. Elles paraphrasent le *Cri perdu*, ce merveilleux joyau des *Épreuves*, ou encore *Homo sum*, du même recueil de sonnets :

> Un soupir, né du mal autour de moi souffert,
> M'est venu des cités et des champs de bataille,
> Poussé par l'orphelin, le pauvre sur la paille,
> Et le soldat tombé qui sent son cœur ouvert.

> .... Ce soupir m'obsède comme un blâme.
> Quelque chose de l'homme a traversé mon âme
> Et j'ai tous les soucis de la fraternité.

« Une sympathie douloureuse, écrivait le grand poète dans la dernière année de sa vie, m'attache aux misérables, et l'ombre que répand sur mon rêve paradisiaque l'infinie mélancolie qui me hante à la pensée de leurs maux immérités, balance mon inclination optimiste. »

L'idée et la composition de cette première partie sont parfaitement claires. Mais les explications du poète et la peine qu'il se donne pour amener une transition ne parviennent pas à nous faire comprendre, sinon le sens de la seconde partie du poème, considérée en soi, du moins sa raison d'être et son utilité dans la suite de la fable.

Elle a pour titre *La pensée*, et elle se compose 1° d'un exposé de la philosophie antique ; 2° d'un exposé de la philosophie moderne ; 3° d'un exposé des progrès de la science ; enfin, d'un quatrième chapitre intitulé *La curiosité*, pendant que les voix de la terre se lamentent toujours.

Sully Prudhomme excellait à mettre en vers les systèmes des philosophes, les découvertes et les inventions des savants. Il y avait là « une difficulté d'art qui l'attirait », selon son propre aveu. Il a donc très ingénieusement résumé la démonstration de l'existence de Dieu par saint Anselme, le doute cartésien, la tragique « agonie » de Pascal, la clarté superficielle de Voltaire, ce grand persifleur, qui, «dégonflant les outres des systèmes, du vent qu'il en exprime aiguise son sifflet », le subjectivisme transcendantal de Kant, la renaissance d'Héraclite en la personne de Schopenhauer, etc., etc. Il a doctement rappelé aussi tout ce que le genre humain doit à Euclide, à Archimède, à Pythagore, à Bacon, à Képler, à Galilée, à Leibniz, à Franklin, à Galvani, à Laplace, à Montgolfier, à Lavoisier, à Ampère, à Comte, à Claude Bernard... Mais si la bonne Stella assistait aux leçons rétrospectives, — singulièrement oiseuses, — du professeur Faustus sur les sciences et les philosophies d'ici-bas (l'histoire ne dit point que, pendant ce temps, elle soit allée cueillir des fleurs, arranger sur la table les fruits du dessert éternel, ou fendre l'air céleste au galop de son cheval ailé), nous ne pouvons nous défendre de la pensée qu'elle a dû s'ennuyer gravement.

Un surprenant dialogue de Faustus avec Pascal, qui surgit tout à coup, et la conclusion étonnante de cet entretien, où le grand janséniste ne se contente pas de condamner les convoitises de la curiosité intellectuelle et d'abîmer l'homme dans l'amour de Dieu, — ce qui eût peut-être été dans son caractère, — mais conseille à Faustus d'aimer Stella en déclarant qu'il n'y a de vrai que « la tendresse » et « le berceau des bras d'une amie », — c'est presque la morale de Théophile Gautier dans la *Comédie de la mort* [1], — achève

[1] Un seul baiser, ô douce et blanche Marguerite !
Pris sur ta bouche en fleur, si fraîche et si petite,
  Vaut mieux que tout cela.
Ne cherchez pas un mot qui n'est pas dans le livre ;
Pour savoir comme on vit, n'oubliez pas de vivre :
  Aimez, car tout est là !

  THÉOPHILE GAUTIER, *La comédie de la mort.*

de faire de cette seconde partie un paradoxe vraiment bien audacieux dans la fable
dramatique du poème.

La troisième et dernière partie relève
l'œuvre, qui, dès lors, se maintient en
somme, — moins quelques embarras,
quelques obscurités et quelques défaillan-
ces, — à une beauté supérieure de forme
et surtout de pensée.

Les cris de l'humanité souffrante poussés régulièrement au ciel, sans que Faustus les ait encore entendus, finissent par
l'atteindre et l'inquiéter. Il tressaille. Il se
trouble dans sa quiétude égoïste. Cette
paix suprême dont il jouit, en est-il digne ? Ne faut-il pas la conquérir et faire,
pour la mériter, « quelque grand sacrifice
utile au genre humain ? » A cette pensée,
il pleure de remords et de compassion.

— Quoi ! s'écrie Stella, des pleurs ici,
des pleurs !

Faustus répond qu'il est triste, parce
qu'il a entendu « comme un poignant

appel de naufragés amis » ; parce qu'il
songe à l'enfer de la terre et qu'il l'aime
encore « pour ses fragiles fleurs dont l'éclat
m'était cher » ; parce que le mot *douleur*
lui-même est un des plus beaux mots humains, un mot sacré, un mot aussi doux
à son oreille que ceux de jeunesse, d'a-
mour, de beauté et de grâce.

« Si la terre pourtant souffrait de notre
oubli ? » Pouvons-nous continuer à

Nous sentir dans la joie innocemment heureux,
Et, riches d'un savoir qui leur serait utile,
N'en faire qu'un usage infécond et futile,
Et, vivant pour nous seuls, ne rien tenter pour eux ?

Bref, l'héroïque dessein de Faustus est
de redescendre sur notre planète pour
rendre à sa charité son douloureux domaine et tâcher d'abolir l'humaine misère ;
puis, de revenir vers Stella mêler à leur
bonheur celui de tous les hommes. Mais
Stella veut l'accompagner. Faustus voudrait lui épargner cette épreuve, et la

lutte généreuse de ces deux grandes âmes, terminée par la victoire de Stella, est presque dramatique.

Qu'est-ce que le temps ? où prendre la valeur fixe qui mesure la durée ? Depuis combien de siècles darde-t-elle ses rayons dans l'espace, l'étoile qu'on n'aperçoit pas,

> Mais dont la lumière voyage
> Et doit venir jusqu'ici-bas
> Enchanter les yeux d'un autre âge [1] ?

Et depuis combien de siècles aussi le « cri perdu » de l'humanité traversait-l'éther sombre pour atteindre enfin l'étoile où Stella et Faustus vivaient heureux et où le bonheur leur faisait oublier le temps ?

Le fait est qu'en redescendant sur la terre, les deux habitants du ciel ne trouvent plus qu'un ancien globe abandonné et inculte d'où l'homme a disparu. Une

---

[1] *L'idéal* (dans *Stances et Poèmes*).

végétation folle envahit la planète débar-
rassée de son maître.

Plus de joug : les taureaux marchent la corne haute…
Les chevaux et les cerfs galopent côte à côte…
Ils vaguent par troupeaux que fouette seul l'Amour.

Quant à l'homme, il est loin ! Sous le riant chaos de la nature « ses os gisent épars dans la nuit du passé », et son âme, « sa conscience au poids léger ou lourd », « ce qu'il a d'immortel fuit d'étoile en étoile. »

Si je comprends bien la conclusion du poème, intitulée *Le triomphe* et succédant au *Sacrifice*, l'idée de Stella est d'abord, — malgré les hésitations de Faustus moins enthousiaste et plus averti, — d'être une nouvelle Ève et de recommencer l'humanité. Mais la Mort, interrogée par eux, leur représente que ce n'est pas la peine, vu que ce sera toujours la même chose. Il faudra toujours acheter le bonheur par la souffrance. Point de joie qui ne soit tributaire d'une peine. Point de baiser doux comme le miel « sans le mélange amer d'une saveur d'absinthe ». Vous qui connaissez à présent ou croyez connaître le bonheur, vous seriez les premiers à réclamer, pour qu'il soit complet ou simplement possible, la douleur et le dur travail.

> Songez-y, cette terre était un lieu d'épreuve
> Et le redeviendrait pour l'humanité neuve.

Puisqu'il faut souffrir ou déchoir, Stella, plus entreprenante maintenant et plus obstinée que Faustus, préfère souffrir et persiste à vouloir « que son flanc se déchire et qu'un Abel en sorte ». Faustus, nouvel Adam, est sur le point de céder.

A ce moment, l'ange de la Mort juge qu'ils ont prouvé suffisamment leur bonne volonté. Il les délivre et les ravit dans un autre bonheur et dans un autre ciel. Ce ciel n'est pas, comme le premier, une simple terre idéalisée, et ce bonheur est *pur*,

il n'est plus composé des éléments contra-
dictoires qui en étaient la négation.

« Entrez donc, pour n'en plus sortir,
Dans le bonheur, votre conquête ! »

...La Charité les sacre habitants du vrai ciel,
Dont ils n'avaient goûté qu'un reflet partiel.
Enfin s'ouvre pour eux cet ineffable empire
De l'Idéal suprême où la Nature aspire !...

...Tout en eux, autour d'eux, est absolument pur.
L'entier Paradis s'ouvre...
A cette nébuleuse une autre nébuleuse
Succède, puis une autre...

Et enfin

Dignes du rang suprême où tend le genre humain,
Les voilà revenus, fiers, la main dans la main,
Hors de la mer cosmique en naufrages féconde,
Au port d'embarquement, à la source du Monde !

Grandiose et poétique vision, mais idée
inconcevable. Le seul ciel que nous puis-
sions concevoir, c'est toujours une terre

meilleure que celle-ci, habitée par une humanité meilleure que la nôtre ; et le seul bonheur concevable est un bonheur conscient de lui-même. Or, comment le bonheur se connaîtrait-il, sinon par quelque opposition avec son contraire ? Il n'est, évidemment, qu'une relation. Un bonheur pur ou absolu est un non sens.

Jusqu'au nirvâna de la dernière page exclusivement, le poème de Sully Prudhomme développe deux idées essentielles qui sont très justes et qui sont contenues, l'une et l'autre, dans ce vers fameux d'Alfred de Musset :

> Je ne puis m'enfuir hors de l'humanité.

La première vérité, c'est que le bonheur, chose sociale plus encore qu'individuelle, est conditionné pour chacun par celui de tous. La seconde, c'est que notre imagination ne pourra jamais, n'a jamais pu s'en faire une idée qui ne soit formée d'éléments terrestres et connus. Comme le dit très clairement le poème de la *Justice*, dans sa langue de cristal :

> Notre sort sera misérable
> Aux yeux de nos derniers neveux :
> Pourtant le leur, plus désirable,
> N'est jamais l'objet de nos vœux :
>
> C'est que les biens futurs ne peuvent
> Nous tenter que s'ils ont des noms ;
> Les biens connus seuls nous émeuvent,
> Car seuls nous les imaginons.

L'antithèse de la terre est le seul procédé qui fut toujours en usage pour peindre les joies du paradis ; il n'y a pas, en effet, d'autre moyen de donner un peu d'intérêt à la peinture ; mais tout ce qu'on nous montre ainsi, c'est ce que le ciel *n'est pas*. Des couleurs purement négatives composent le tableau du premier globe céleste où Stella et Faustus avaient jadis abordé : il n'y faisait ni vent, ni pluie, ni froid, ni trop chaud ; c'est l'éternel printemps, dont justement l'auteur des *Stances et Poèmes* ne voulait point pour le ciel qu'il rêvait alors :

.... Je n'y veux pas voir la nature amollie
Par la tiède fadeur d'un éternel printemps ;
J'y veux trouver l'automne et sa mélancolie,
Et l'hiver solennel, et les étés ardents.
Voilà mon paradis, je n'en connais pas d'autre.
Il est le plus humain, s'il n'est pas le plus beau [1].

Éteints et disparus les « vacarmes, blasphèmes, cris, sanglots, soupirs, clameurs, appels aigus et confuses rumeurs, voix d'hommes, bruits d'outils, fracas de chars et d'armes ! » Plus de sons discordants, rien que de bonne musique. Ni abattoirs, ni boucheries, ni cuisines de chair et de sang. Oh ! comme dans cette bergerie un petit loup serait le bienvenu ! On ne boit que de l'eau, on ne se marie pas !.. Je me trompe. Faustus épouse Stella parfaitement. Mariage sans procédure civile, sans

---

[1] *Mon ciel.*

bénédiction religieuse ; c'est une union libre, selon la loi naturelle ; mais les deux corps ont beau être « éthérés », ils s'unissent si réellement que le vers final du livre des *Ivresses :* « Je m'abandonne entière, épouse, à mon époux », est la conclusion même d'une idylle célèbre de Théocrite. Eh quoi ! le paradis de notre poète le plus chaste et le plus pur ne serait-il donc que le paradis de Mahomet ?

Une félicité sans crainte ni espérance, un ciel sans nuages, une vertu sans combat, une vie sans peine, une fête interminable, assomment. Vérité tellement évidente, qu'il est impossible de supposer que jamais un penseur tel que Sully Prudhomme ait pu introduire un instant, même pour la réfuter, une idée du bonheur si faible, si banale et si fausse. On a dû se méprendre en la lui prêtant; il me faut peut-être aboutir à cet aveu, que je ne comprends pas le *Bonheur.*

Mais, quel qu'ait été le dessein du poète, ce qu'il a montré, par le fait, c'est qu'au fond le bonheur n'existe nulle part; ni dans la réalité, c'est trop clair, ni dans le rêve : car le bonheur *pur*, la satisfaction *absolue*, est, à l'analyse, une idée absurde, et l'antithèse de l'ombre nécessaire à cette lumière trop crue en est la négation.

Quand Gaston Paris lut le noble ouvrage que lui avait dédié son ami, cœur blessé, corps malade, esprit toujours anxieux, âme douloureusement sensible à tous les maux de l'humanité comme à ses propres souffrances, — il eut bien raison de dire en souriant : « Jamais poète ne fut *moins plein de son sujet.* »

Que l'on préfère, avec tous les gens du monde et la plupart des critiques littéraires, les petites pièces de Sully Prudhomme à ses grands poèmes philosophiques, ou bien qu'avec MM. Hémon et Zyromski on admire en ces derniers le sommet de son

œuvre et de son génie, il convient en tout
cas de ne pas confondre dans le même
jugement et dans la même estime la *Justice* et le *Bonheur*. — La *Justice*, dont la
sévère beauté tient à distance le vulgaire
des lecteurs et surtout des lectrices, est
peut-être l'ouvrage le plus fortement pensé,
composé et écrit qu'il y ait dans toute la
poésie philosophique. Le *Bonheur* est plein
de beaux vers, il a des parties charmantes
et solides ; il développe de profondes pensées fondamentales ou occasionnelles ;
mais il présente aussi des idées confuses
ou obscures, le style ne se distingue par
rien de nouveau ni de très original, et la
perfection artistique du poème fait « de
main d'ouvrier » manque à l'exécution.

*

Avec le *Bonheur*, la veine poétique de
Sully Prudhomme s'épuise et se tarit. Son

travail littéraire est loin de cesser, mais la prose l'envahit définitivement. Les vers qu'il publiera encore, de loin en loin, l'*Institut de France* (1895), *Descartes* (1897), sont des vers officiels, faits presque sur commande, à propos d'anniversaires, et ce n'est guère que de la prose rimée, condensée fortement, péniblement parfois. «Ce qui fut d'abord un jeu pour moi, avouait-il à Mounet-Sully, m'est devenu un très pénible labeur. » Dans sa préface à une nouvelle édition de la *Bible de l'Humanité* par Michelet, il fait cet aveu ingénu et loyal : « Je ne pèche pas par excès d'imagination, au contraire. »

Le volume de vers inédits que nous donnera bientôt Mlle Schnitzler, chargée par les parents et les amis du poète de la publication de ses œuvres posthumes, sera pieusement accueilli par tous les admirateurs de Sully Prudhomme ; mais, s'il est composé surtout de vers postérieurs à 1888, il n'est pas probable que le trésor poétique du cher disparu en soit enrichi vraiment [1].

En 1893, en 1897, sous les titres de *Réflexions sur l'art des vers* et de *Testament poétique*, Sully Prudhomme a disserté assez copieusement sur l'art dont il fut un grand maître.

Les personnes qui se figurent (à tort, selon moi) que les poètes sont les meilleurs professeurs d'art poétique ne peuvent être que déçues par la lecture de ce que notre auteur a écrit sur ce sujet. En vérité, il ne nous apprend pas grand'chose, et surtout il ne nous dit rien qui nous fasse penser. Son attitude, dans la question du

[1] Le recueil a paru ; il contient, avec de la belle prose rimée, plusieurs pièces d'une vraie beauté poétique. Les éditeurs, soit parce qu'ils l'ignoraient, soit parce qu'ils n'ont pas voulu nous l'apprendre, ont souvent omis de donner la date de ces *Épaves* (Lemerre, 1908), qui sont de toutes les années et des trois grandes époques : l'apprentissage, l'apogée, la décadence.

(Janvier 1909.)

vers français, — sujet toujours nouveau de vives et fécondes querelles, — fut tout simplement celle du conservateur sage, mais *trop sage,* si, même en sagesse, l'excès est un défaut.

Sully Prudhomme avait pour la règle, pour la loi, un culte vraiment religieux. Il déteste, avec une espèce d'horreur sacrée, comme des profanateurs du lieu saint, les sans-culottes qui ont émancipé jusqu'à une telle licence le bel alexandrin de Racine et de Victor Hugo, qu'en l'état de dévergondage où il est tombé désormais, on ne le distingue plus de la prose :

« Je crois sentir une vague affinité entre l'évolution perverse de la morale et les menaces du vers amorphe. L'enlaidissement de l'espèce humaine et l'énervement de son plus haut langage m'affligent comme une déchéance de la terre, comme l'abolition de la marque divine sur notre planète. »

Cette indignation généreuse est toute pareille à celle de Vinet, qui disait en parlant des corrupteurs de la langue : « Le respect de la langue est presque de la morale. » Et certes Vinet et Sully ont hautement raison. Mais n'oublions pas les leçons de l'histoire : l'alexandrin de Victor Hugo, — que nous appelons *classique* aujourd'hui (tant les énormes bouleversements des derniers révolutionnaires réduisent à une nuance légère pour nos yeux la différence pourtant réelle des vers romantiques et des vers raciniens !) — fit scandale d'abord et passa pour une dislocation non moins destructive de toute mesure et de toute harmonie que les plus lâches désordres de l'anarchie contemporaine.

L'erreur de Sully Prudhomme, erreur singulière chez un philosophe aussi averti de l'universelle évolution, est d'avoir prétendu arrêter le vers français au point où l'avaient laissé les maîtres de sa jeunesse,

— Hugo, Vigny, Gautier, Leconte de Lisle, — et de lui avoir dit imprudemment : « Tu n'iras pas plus loin ! »

Rien ne se fixe dans une langue, une orthographe, une prosodie vivantes. Les fous sont des fous de vouloir follement tout changer sans mesure ni critique, mais leur folie ne doit pas faire échec et obstacle au progrès. Incontestablement, il restait et il reste dans notre orthographe poétique des gênes puériles. L'hiatus est quelquefois plus coulant et plus doux que ce qu'on lui substitue avec effort pour éviter le heurt des voyelles. La rime pour l'œil est une chinoiserie (réserve faite de la question délicate, fondamentale en prosodie française, des rimes masculines et féminines). La césure de l'hémistiche, dans les alexandrins, peut non seulement être marquée à peine, mais escamotée tout à fait, à la seule et unique condition que l'oreille retrouve assez vite sa juste douzaine de syllabes.

On nous donne comme des vers les lignes suivantes; je nie qu'elles soient des vers pour nous, je doute qu'elles le deviennent pour nos neveux :

Noël! la nuit est à la fois d'argent et d'ombre....
    ....Eros, tendant son arc flexible,
Vise le cœur des amantes et des amants...
    Trois heures!... elle est horriblement en retard.

Et pourtant je me défie un peu de ma sentence, j'en viens presque à croire possible une éducation de l'oreille qui peut-être finira par compter, dans ces lignes sans cadence et sans nombre, les douze syllabes de l'alexandrin aussi aisément que dans :

Ce temple est mon pays, je n'en connais point d'autre,

quand je songe que ces autres lignes, qui auraient choqué Victor Hugo :

    Elle filait pensivement la blanche laine....
    Et nous allons appareiller pour les étoiles....

ne nous offensent plus et même nous paraissent d'une harmonie assez expressive.

Sully Prudhomme ne les aurait jamais admises. Il s'est interdit les licences raisonnables qu'un jugement et un instinct justes doivent non seulement tolérer, mais encourager. Il a cultivé la rime riche en Parnassien superstitieux. Non content de s'en tenir aux libertés conquises par Victor Hugo, il les a plutôt restreintes qu'étendues, et la réaction excessive qui lui rend trop chère la coupe traditionnelle donne à son vers alexandrin, dans les morceaux d'une certaine longueur, un peu de monotonie quelquefois. A ma connaissance, la seule hardiesse qu'il ait risquée (combien insignifiante !), mais que Victor Hugo, sauf erreur, ne s'est point permise, c'est de compter pour rien, au milieu d'un vers, la syllabe muette précédée d'une diphtongue à la troisième personne plurielle de l'indicatif présent des verbes *voir*, *fuir*, *croire*, etc. :

> Les sphères fu*ient* et les axes frémissent.
>
> *(Stances et Poèmes)*

On peut aller plus loin dans l'audace. L'excellente règle de Banville suffit, elle résume parfaitement à elle seule « la loi et les prophètes », quand il invite le versificateur à « n'avoir pas d'autre maître que son oreille délicate ».

*

Dans les douze dernières années de sa vie, Sully Prudhomme fit paraître : *Que sais-je ? examen de conscience*, suivi d'une étude *Sur l'origine de la vie terrestre ; Le problème des causes finales ; Psychologie du libre arbitre ;* enfin, un gros volume sur *La vraie religion selon Pascal,* pour ne parler que des publications en librairie et sans compter une quantité d'articles de revues, de lettres aussi et de préfaces que lui demandaient pour leurs volumes de vers ses jeunes confrères en poésie.

Ces ouvrages sont, en général, comme l'annonce le titre de l'un d'eux, l'examen de conscience d'un homme d'âge, qui voyant approcher la mort, dresse le bilan de ce qu'il sait, de ce qu'il croit et de ce qu'il espère. Mais il faut redire à leur propos ce que nous disions au sujet de la préface à une traduction de Lucrèce. Les traités philosophiques de ce sage ne sont pas du tout l'hymne, reconnaissable encore, d'un poète qui, ayant suspendu sa lyre, répète dans une prose pleine de poésie ce qu'il avait chanté en vers harmonieux. Rien de moins poétique que le style ordinaire de ces austères traités. Ils n'expriment pas non plus, — ou du moins ils expriment moins constamment qu'on ne s'y attendrait, — les sentiments personnels de l'auteur, l'émotion et l'anxiété de son âme devant les grands problèmes. Ce sont, en somme, des études d'intérêt général, des contributions à la science philosophique sérieuses, objectives et solides, inabordables le plus souvent aux profanes par leur jargon technique. — La *Psychologie du libre arbitre* consacre plus de la moitié du volume à définir les termes essentiels de la philosophie : *cause, contingent, essence, modalité, potentiel, substratum,* etc. En quatre-vingt-dix pages, nous avons là un vocabulaire raisonné de cent trente-deux mots. —L'auteur de la *Vraie religion selon Pascal* nous dit les lectures qu'il a faites pour élucider le problème de la rédemption, et c'est : *La doctrine de saint Augustin relativement au rôle de la volonté dans l'acte de foi surnaturelle,* par Roland-Gosselin, prêtre ; un abrégé, approuvé par le pape, de la *Somme théologique de saint Thomas d'Aquin,* par l'abbé Lebrethon, docteur en théologie, etc. — Dans le *Problème des causes finales,* recueil constitué par

une correspondance entre notre philosophe et le Dr Charles Richet, on est tout
surpris et déconcerté de voir le poète, au
nom du déterminisme, combattre la doctrine des causes finales, malgré tout l'attrait de cette doctrine pour l'imagination
comme pour le cœur, tandis que le médecin la défend... C'est que, dans l'ordre
philosophique, Sully Prudhomme n'avait
pas d'autre souci que la vérité.

Faisant un seul amas de tous ses écrits
philosophiques, je n'y prendrai que ce qui
a pour nous un intérêt primordial, et c'est
naturellement la question de Dieu, celle
de l'âme, celle des devoirs de l'homme
et de sa destinée.

Les bons esprits savent qu'en philosophie il ne faut jamais appeler les choses
par leur nom : car les noms sont trom-
peurs ; il faut exposer les choses, expliquer les mots et substituer sans se lasser
la définition au défini. — On a dit que Sully
Prudhomme devint, sur ses vieux jours,

athée : je n'y contredis pas, pourvu qu'on ajoute de suite que son athéisme était une forme du respect qu'il avait pour l'idée de Dieu.

Tout d'abord, il proclame l'existence nécessaire de ce qu'il nomme « le divin ». Le divin, c'est la source inconnue de tout ce qui est. Les progrès de la science auront beau réduire de plus en plus la part de ce que l'esprit humain n'explique pas, il restera toujours un fond irréductible, l'Être, qui existe par soi-même et contient l'explication de l'univers. Voilà le divin. La raison, en lui attribuant la nécessité, n'en connaît rien de plus. Mais le cœur réclame davantage. Pour Pascal, comme pour tous les chrétiens, Dieu n'est pas seulement l'Être ou le principe de l'Être ; c'est une partie du Tout essentiellement distincte du reste ; c'est une *Personne,* qui a créé l'homme à son image et le monde pour l'homme. Les attributs humains à l'état d'infinité et de perfection constituent son essence. Il est père et juge de ses créatures.

Assurément, reconnaît Sully, il serait consolant de croire à l'existence d'un Dieu personnel « doué à un degré infini des qualités morales requises pour assurer à l'homme, ici-bas ou après sa mort, toutes les satisfactions que réclame son besoin de justice et d'indulgence, de finalité sagement préconçue dans les événements qui intéressent la sensibilité. » Malheureusement, il n'est pas prouvé que le principe insondable d'où relève tout le monde accidentel ait une essence psychique semblable à la nôtre, et qu'il suffise, pour s'en faire une idée vraie, de porter à l'infini nos attributs moraux [1].

Il y a plus. En prêtant à Dieu une intelligence, une volonté, un cœur taillés sur le patron des facultés humaines et élevés à l'infini, on se met dans un très grave embarras. Car le spectacle que nous offre le monde est au moins celui du caprice et de la fantaisie la plus bizarre, quand ce n'est pas le spectacle d'une cruauté, d'une injustice, d'une immoralité révoltantes :

« La vie terrestre est évidemment une mêlée horrible où le cœur saigne à la fois des coups qu'il reçoit et de ceux qu'il voit porter. Rien ne ressemble moins à la tendresse paternelle que l'inexorable rigueur qui préside à cette boucherie [1]. »

Rappelons-nous le terrible procès que le poème de la *Justice* fait à l'Auteur des choses. Il vaut donc mieux laisser derrière son voile impénétrable le principe créateur et ordonnateur de l'univers. En cessant de prêter à la nature une conduite qui ait le moindre rapport, même le plus lointain, avec la conduite de l'homme, nous ne

[1] *Le sens et la portée du pari de Pascal*, dans la *Revue des Deux-Mondes* du 15 novembre 1890.

serons plus tourmentés du souci de la justifier. Pour que Dieu nous demeure adorable, gardons-nous de l'anthropomorphisme, et puisqu'il n'y a pas d'autre alternative que d'être « blasphémateur ou athée », choisissons un athéisme respectueux.

La raison de Sully Prudhomme l'inclinait de plus en plus au *monisme*, c'est-à-dire à la doctrine de l'absolue Unité conçue de telle façon qu'elle absorbe toutes les autonomies, toutes les individualités apparentes, et que le monde ne se sépare point de sa cause. Son cœur souffrait des conséquences funestes de cette doctrine pour le libre arbitre, donc pour la morale, donc pour la poésie, si intéressée à conserver la liberté de l'homme comme la personnalité de Dieu :

« Je suis, avec une foule d'autres, intéressé à la conservation de ces *idoles* [les instincts moraux] ; je le suis au moins par mon art qui en vit, comme le croyant

par sa religion dont il attend son salut
éternel [1]. »

Sa vie entière, et le meilleur de sa poésie sont l'histoire de ce douloureux conflit entre le cœur et la raison ; mais, le
30 août 1905, dans un entretien avec
M. Camille Hémon, commentateur de sa
philosophie, il aurait avoué la défaite de
sa sensibilité et dit résolument et tristement : « C'est fait. »

✳

Depuis sa crise de mysticisme vers l'âge
de vingt ans, Sully Prudhomme s'était
détaché de toute religion positive.

A la fin de *la Vraie religion selon Pascal*, ouvrage publié en 1905, un appen-
dice comptant vingt-trois pages d'impres-
sion en petits caractères fait une critique
extrêmement serrée des dogmes du chris-

---

[1] *Le problème des causes finales.*

tianisme en général et du catholicisme en particulier « d'après les règles de Pascal pour les définitions ». La Trinité, la Création, le Péché originel, l'Incarnation, la Transsubstantiation (« plus étrange que les Métamorphoses d'Ovide ») et les autres doctrines de l'Église sortent de cet examen rigoureux convaincues de n'être pas seulement d'incompréhensibles mystères, mais de pures *absurdités* logiques, des *non-sens*, « l'énoncé contradictoire de faits essentiellement impossibles, comme, par exemple, de construire un cercle carré. »

Une remarque importante doit être faite ici. Sully Prudhomme ne paraît avoir connu la religion chrétienne que sous sa forme catholique. Ce qu'il y a de central et de profond dans le christianisme, ce qui peut en subsister encore, même après que l'édifice dogmatique s'est écroulé, — à savoir le divin manifesté à la conscience humaine dans la vie, dans la mort et dans la personne de Jésus-Christ. — est à peu près absent de son enquête religieuse. La véritable théologie, qui se moque de la théologie parce qu'elle va droit à la conscience et au cœur, lui était peu familière. Comment, dans un volume de 440 pages sur Pascal, où l'abbé Lebrethon est cité, où la *Somme* de saint Thomas d'Aquin est consultée, ne fait-il aucune allusion à la célèbre étude de Vinet ? Peut-être ignorait-il ce livre capital.

*

La survivance de l'âme est le plus cher espoir des mortels. Qu'ils le reconnaissent ou non, et même quand ils ont la bouche assez fausse pour oser le nier, rien au monde ne leur tient plus au cœur. Si l'homme était vraiment sincère et vraiment réfléchi, toute sa vie se passerait à répéter les cris d'épouvante que Pascal a poussés devant l'infini et devant la mort.

Mais, par un bienfait de la nature, son étourderie ou, comme disait Pascal, « le divertissement » lui épargne cet effroi continuel. Il n'a que des « éclairs de frayeur ».

« Dans un cachot dont les murs reculent à mesure qu'on avance et où chacun des condamnés à mort éprouve l'inavouable, mais réel réconfort d'en voir exécuter avant lui un nombre indéterminé d'autres qu'il ne connaît pas, l'attente de son tour devient tolérable au plus pusillanime; le va-et-vient, la succession des prisonniers et la décoration de la prison suffisent amplement à distraire les survivants, surtout les derniers arrivés [1]. »

De toutes ses forces, Sully Prudhomme aspirait à l'immortalité du principe spirituel qu'il sentait en lui. Le terme *aspirait* convient ici d'autant mieux que sa morale est fondée, comme son esthétique, sur la

____

[1] *La vraie religion selon Pascal.*

doctrine ardente de l'aspiration, et que de l'idée du bien où notre âme aspire, comme de celle du beau, le philosophe conclut à l'existence objective de ces idées réalisées — probablement — dans un autre monde.

Mais ce n'est qu'une probabilité. Tout ce que son admirable sincérité s'aventure à dire, c'est que, *sans avoir aucune assurance d'un sort meilleur après la mort, rien ne le réduit non plus à désespérer.*

« La formation d'un système nerveux, d'un appareil cérébro-spinal, semble bien répondre à la nécessité pour l'esprit de mener une existence terrestre, mais n'entraîne pas nécessairement l'impossibilité pour lui d'exister sans la coopération de la matière, c'est-à-dire des manifestations physiques de la substance unique, intimement indivisible... D'une part, je m'avoue incapable de prouver rigoureusement qu'en moi tout ne meurt pas avec mon corps ; mais, d'autre part, je ne suis pas certain que tout en moi meure avec lui. Je me contente de ce qu'il m'est rationnellement permis d'espérer....[1]»

Dans une des belles pièces du *Prisme*, intitulée *La corde raide*, le poète avoue qu'il n'ose point, «sous son front éphémère, de l'immortalité caresser la chimère»; sceptique un instant comme Zaïre[2], il convient que l'hérédité a pu lui donner la foi de son enfance, et qu'il « penserait autrement sous d'autres latitudes » ; mais, dans l'incertitude de sa pensée, il restera toujours fidèle au devoir, et il conclut ainsi :

Je ne saurais sans peur et sans témérité
Élire la doctrine où gît la vérité.
Non! ma raison, debout sur une corde étroite,
Avec un balancier qui penche à gauche, à droite,
Maintient son équilibre au prix de son repos
Jusqu'au bord de la tombe, où, sombrant, les yeux
Elle s'endormira sans regard en arrière.   [clos,
Ni blasphème enfantin, ni suspecte prière,

1 Préface de 1906.
2 J'eusse été, près du Gange, esclave des faux dieux,
Chrétienne dans Paris, musulmane en ces lieux.

Refusant tout du cœur, même le désespoir,
Fidèle sans salaire à son cruel devoir.

*

Pour Sully Prudhomme comme pour Kant, le roc de la conscience morale est le refuge et le salut du douteur perdu dans la nuit, qui « cherche en gémissant » un point ferme.

Dieu nous échappe. « Le monde n'a pas un bon père. » L'élimination, que la critique exige, de tout caractère humain dans le principe des choses, nous « condamne à un isolement effrayant au milieu de cette foule de fantômes silencieux dont aucun ne sait rien sur son origine, sa nature et sa destinée[1]. » — L'âme nous échappe. Nous *espérons* que nos aspirations vers l'idéal sont révélatrices d'un paradis qui existe ailleurs ; mais nous n'en *savons* rien. — La liberté nous échappe.

____

[1] *Que sais-je ?*

Car des initiatives indépendantes sont une chose irrationnelle et inconcevable ; aucun événement n'a lieu qui ne soit nécessité par quelque antécédent, donc, ne peut être un commencement absolu. Le processus universel de la nature exclut le libre arbitre [1].

Mais ce que la raison nie, « le cœur » ou la conscience persiste à l'affirmer, avec une autorité si souveraine que toute la puissance de la logique ne saurait prévaloir contre elle. Il faut distinguer deux espèces de doute : le doute réel, et le doute simplement logique. C'est seulement en vertu d'un raisonnement logique que nous pouvons mettre en doute notre liberté ; en fait, nous n'en doutons aucunement. Et c'est parce que nous ne doutons réellement point, que les conclusions logiques du raisonnement n'ont sur notre conduite aucune influence.

[1] *Psychologie du libre arbitre.*

«Cette distinction entre les deux formes du doute est capitale à mes yeux; elle est le fondement de mon repos moral; elle justifie l'inconséquence entre les concepts rationnels et les maximes pratiques chez la plupart des hommes[1].»

Allons plus loin. L'insurmontable répugnance du plus intime de notre être à accepter certaines conclusions de la logique nous avertit tout bas qu'en dépit de leur apparente rigueur ces conclusions pourraient bien être fausses.

«Quoi qu'en dise Spinoza, je ne conçois pas comment l'idée du libre arbitre aurait pu surgir d'un univers entièrement nécessité... De la nécessité ne peut rien sortir qui implique même l'illusion d'une initiative indépendante[2].»

Mais quand même le monde extérieur à l'homme serait un mécanisme inflexible, la cité humaine n'est point tenue de se

[1] *Que sais-je ?*
[2] *Le problème des causes finales.*

construire à son image. Le fier poème de la *Justice* conclut superbement qu'à la justice, à la morale, à la liberté absentes du monde il reste un asile dans le cœur de l'homme. Et, d'ailleurs, le bien qui résulte pour nous de la croyance aux vérités les plus nobles n'est-il pas infiniment supérieur à l'avantage de raisonner juste?

« Quant à moi, je l'avoue, je n'éprouve aucun scrupule à admettre comme absolue la valeur des principes moraux tels que les définit la philosophie spiritualiste de notre siècle. En dépit de ma raison qui ne se repose que dans l'unité, je ne peux m'empêcher de reconnaître, dans la pensée et dans la pesanteur, deux modes irréductibles de l'activité; en dépit de ma raison qui le nie, je crois au libre arbitre, parce que sur ce point je ne sens pas mon intelligence d'accord avec mon expérience intime, avec mon intuition, qui n'est pas tenue de comprendre ce qu'elle constate [1]. »

[1] Préface à la *Bible de l'Humanité*.

*

Les devoirs de l'homme peuvent se réduire à ceux qu'il a envers lui-même, et celui qui les résume tous, c'est *d'être homme*, c'est-à-dire : d'élever toujours plus ou, au moins, de maintenir le rang suprême que son espèce occupe sur un astre où elle atteint, entre tous les êtres participants à la vie de l'esprit, « le maximum de cérébration. »

Suivre sa nature est le devoir de l'homme comme de la bête ; mais, tandis que pour la bête *la nature* est de s'abandonner à ses instincts, pour l'homme, c'est de leur résister, c'est de les maîtriser, sous peine de déchoir et de souffrir cette humiliation, qu'en lui « l'animal détrône l'homme. »

On parvient d'ailleurs, par une bonne discipline, à transformer en instincts moraux, guides plus sûrs que la logique, les efforts de la pensée et de la volonté, lorsque, après une enquête approfondie sur l'étendue et les limites du savoir humain, comme celle qu'a faite consciencieusement l'auteur de *Que sais-je?* on constate l'échec relatif de la critique rationnelle. On renonce alors aux ambitions téméraires de la curiosité et l'on se confie, avec une foi renouvelée, aux « élans », aux « essors du cœur ». La foi en notre liberté, en notre puissance morale a beau être aveugle peut-être, c'est un « aveuglement salutaire ».

« Si l'homme, le père de famille, le citoyen affirme résolument dans sa conduite ce que le philosophe n'ose affirmer dans ses spéculations par prudence intellectuelle, c'est l'homme qui a raison contre le logicien... Je n'arrive pas à m'affranchir des sentiments que la démonstration du déterminisme devrait abolir... Si c'est un préjugé, il est indestructible ; car j'y reste soumis, non pas seulement contre la logique, mais même en dépit de mes passions... Ah ! quel service on m'eût plus d'une fois rendu si l'on eût pu me prouver que mes scrupules ou mes repentirs n'étaient que des préjugés ! Ce n'est, hélas ! point la complaisance qui m'a manqué pour m'en laisser convaincre. Je n'y ai pas réussi. »

> Je sens que toujours m'importune
> Une loi que rien n'ébranla...
>
> Toujours en nous parle sans phrase
> Un devin du juste et du beau :
> C'est le cœur, et dès qu'il s'embrase,
> Il devient de foyer flambeau [1].

Vraiment, Sully Prudhomme est sur le point de reconstruire, après Kant, la théodicée sur le fondement de la loi morale. Il ne va pas tout à fait jusque-là ; mais il sent profondément la relation nécessaire d'une chose aussi sérieuse, aussi impérative que le devoir, avec un principe éternel. « L'obligation a-t-elle pour prin-

[1] *La vertu* (dans les *Vaines tendresses*).

cipe, en moi, un ordre intimé à mon libre arbitre par l'Inconnaissable, qui représenterait dans ce cas l'impératif catégorique? Je l'ignore, mais *je suis porté à le croire.* » Il s'exprimait ainsi dans *Que sais-je ?* Quelques années plus tard, dans *la Vraie religion selon Pascal,* il se montre un peu plus affirmatif encore sur la « portée objective » des mots *valeur morale, mérite, responsabilité, devoir.* Dans l'obligation à la bonne foi, à la justice, en un mot à la vertu, il entend une « injonction externe et supérieure », il saisit « un lien profond avec la cause première et souveraine, avec *le divin* ».

Un mot qui occupe une place d'honneur dans le vocabulaire favori de Sully Prudhomme caractérise sa morale si noble et si haute : c'est le mot *dignité.*

« J'entends par la dignité humaine le rang qu'assignent à notre espèce ses caractères distinctifs dans la série des espèces vivantes. » — La conscience morale est

chez l'individu le sentiment qu'il est dépositaire de la dignité de son espèce[1]. »
La dignité suppose naturellement la foi au libre arbitre. Car quel rôle et quel sens aurait-elle dans une conduite qui se tiendrait pour déterminée ? Ce que les déterministes peuvent entendre par devoir, par justice, par sacrifice, par tout ce que le mot *dignité* implique et exprime, « est une chose essentiellement différente de ce que ma conscience appelle ainsi. »

Au sentiment de la dignité correspond l'émotion véhémente de *l'indignation*, révolte de toute l'âme contre l'injustice qui, eu outrageant la victime, avilit et dégrade l'oppresseur. « Je ne reconnaîtrai qu'à bon escient vide du sens que lui confère le libre arbitre et que le vulgaire lui prête le mot « indignation », qui signifie le sentiment intolérable d'un outrage fait en autrui à la dignité humaine[2]. »

[1] Préface à la *Bible de l'Humanité*.
[2] *Le problème des causes finales.*

La IXe Veille de la *Justice* développe l'idée de dignité, qu'elle identifie à celle de justice, pour aboutir à cette conclusion à la fois humaine et virile :

Le sens du mot « justice » enfin je le devine !
Humaine par son but, la justice est divine
    Même dans l'âme d'un mortel !...

...Le respect de tout homme est la justice même :
Le juste sent qu'il porte un commun diadème
    Qui lui rend tous les fronts sacrés.
Nuire à l'humanité, c'est rompre la spirale
Où se fait pas à pas l'ascension morale
    Dont les mondes sont les degrés.

Quand on suit d'année en année la vie et l'œuvre de Sully Prudhomme, on s'étonne de n'y rencontrer aucune trace de la profonde et longue agitation qui, de 1898 à 1900, remua toute la France et de là s'étendit au reste du monde.

Le caractère du poète, ainsi que la doctrine du philosophe, nous interdisant d'at-

tribuer son abstention dans l'affaire Dreyfus à une indifférence sceptique, il faut
l'expliquer autrement.

D'abord, ce n'est point lui faire injure
de reconnaître qu'il était le moins agissant
des hommes. Il a loué l'action en vers et
en prose, mais un peu comme ces guer-
riers d'opéra qui chantent : « Marchons !
courons ! volons ! » et qui ne bougent pas
de leur place. Les faiblesses et les infirmi-
tés d'un corps malade, ses goûts sédentaires et livresques, ses habitudes contem-
platives l'ont toujours tenu à l'écart de
l'activité extérieure.

Son esprit scientifique, discipliné par
d'exactes méthodes, pouvait estimer aussi
que la question de savoir si une erreur
judiciaire avait été commise était un problème comme un autre, dont des personnes peu compétentes avaient tort de précipiter la solution avant d'en avoir
rassemblé et critiqué suffisamment les
données. Son cœur souffrait des inimitiés

qu'il voyait naître et grandir entre citoyens, entre parents, entre amis, et il se
réfugiait dans une réserve silencieuse et
triste. On a recueilli de lui ces paroles :

« Du moins, dans ce conflit, gardons
nos amitiés. L'homme est, de par sa nature, médiocre ; il ne peut être complet ni
parfait. Acceptons-le avec ses faiblesses,
et gardons nos sympathies pour ceux que
nous connaissons. Ils peuvent être d'un
autre avis que nous et être aussi sincères
que nous. »

La préface à la *Bible de l'Humanité*,
écrite précisément en 1898, se termine
par ces lignes, seule et vague allusion
qu'il y ait à l'Affaire dans ses œuvres im-
primées :

« La révolution est faite, mais il nous
reste à abolir la guerre. Travaillons-y
sans relâche de toute notre intelligence et
notre volonté, en commençant par anéantir la guerre intestine des sentiments qui
nous divisent. »

Il écrivait, le 11 juin, dans une lettre particulière [1] :

« L'affaire Dreyfus a bouleversé ma conscience tiraillée par toutes sortes de scrupules opposés, car elle compromet à la fois la patrie et la conservation de la patrie dans sa santé morale et dans ses moyens de défense matérielle. »

Donc, il pressentait l'abus pervers qu'allait faire l'esprit de parti d'une campagne suscitée d'abord par l'esprit de justice, et il semble même avoir craint les excès des défenseurs des *Droits de l'homme* un peu plus que la sournoise réaction des faux patriotes de l'autre ligue, car il qualifie de « généreuse », dans une lettre du 3 janvier 1899, l'entreprise sans noblesse de la *Patrie française*, dont

[1] Lettre inédite, comme ce que je vais citer encore de la correspondance de Sully Prudhomme, avant que la *Bibliothèque universelle*, où ce travail parut, l'eût publiée pour la première fois en juin 1908.

Gaston Paris, plus clairvoyant, s'était méfié :

« Nous causerons à loisir, je l'espère, quand vous serez de retour à Paris, du chaos d'événements d'où la lumière sort enfin au prix de grandes ruines de toutes sortes. Vous apprendrez là-bas la tentative de conciliation, de réconciliation, entreprise par une ligue de membres de l'Université, de l'Institut, et d'autres personnes effrayées du désordre présent ; malheureusement la profession de foi des promoteurs de cette association n'a pas été assez mûrie, et ne réunit pas toutes les adhésions désirables. *Je n'ai pu y souscrire*, malgré mon très vif désir de voir la concorde se rétablir entre les Français divisés, et Gaston, dans un article publié ce matin par le *Figaro*, a exposé très clairement les motifs de sa propre abstention. Je suis désolé de l'échec dont est menacée cette généreuse entreprise. »

Étrange état d'esprit, celui que cette

lettre révèle ! Si la ligue nationaliste était une « généreuse entreprise », si elle offrait aux Français divisés le moyen de rétablir entre eux la concorde, pourquoi donc Sully Prudhomme n'y adhérait-il pas ? On serait tenté d'expliquer cette excessive inaction par une sorte de paralysie de la volonté toute semblable à l'impuissance d'Hamlet, si un admirable et précieux fragment de sa correspondance inédite n'allait pas nous montrer la grande âme de ce sage sous un jour bien plus beau.

Sully Prudhomme appartenait au conseil de l'ordre de la Légion d'honneur, dont il allait devenir grand-officier. Cette haute situation officielle suffisait à elle seule pour lui commander beaucoup de réserve. Sollicité par un ami d'intervenir auprès du grand-chancelier en faveur de Zola, dont le ruban rouge était fort menacé par son incrimination outrageuse des juges militaires de Dreyfus et par sa propre condamnation en justice, il répondit que la démarche serait indiscrète, le grand-chancelier, — quelle que fût sa courtoisie, — n'étant pas d'humeur à bien accueillir des représentations qui tendraient à peser sur sa conscience.

« Sa responsabilité et celle des trois autres officiers supérieurs (deux généraux et un amiral) membres du conseil de l'ordre devant l'armée, est considérable. Ce serait trop présumer de la nature humaine et manquer de sens pratique que d'attendre d'eux l'abdication de l'esprit de solidarité. Ils feront, avec la même bonne foi que Zola, ce qu'ils regarderont comme leur devoir. Ce sont les autres membres du conseil qu'il s'agirait de gagner à la cause de Zola, et les sentiments que vous m'exprimez à son sujet, et que je partage entièrement, sont de nature à y suffire. Mais je ne peux sur tout cela vous donner que des présomptions, car nous n'avons pas encore échangé un seul mot sur cette affaire qui pourtant nous préoccupe tous.

Je vous déclare que je me considère
comme l'avocat d'office de Zola, car je
représente les lettres dans le conseil et
me ferais scrupule de mêler aux considérations qui me guident dans ma conduite
à son égard un atome de mon antipathie
foncière pour son idéal littéraire et aussi
pour la vanité qui perce dans les manifestations de son caractère. Je crois à sa
parfaite sincérité et aussi à son parfait
désintéressement (je me suis renseigné
sur ce dernier point à bonnes sources).
J'ai trouvé la plus simple et la plus précise formule de mon plaidoyer : a-t-il été,
oui ou non, *indigné* ? A tort ou à raison,
peu importe. J'établirai aisément qu'il l'a
été. Cela admis, il y a incompatibilité
essentielle entre l'indignation et la forfai-
ture à l'honneur, l'honneur étant le sentiment même de la dignité. Néanmoins je
ne suis pas du tout sûr de réussir. Je se-
rais désolé d'échouer, à cause des protes-
tations qui en résulteraient et renouvelle-

raient l'agitation dont la France a déjà tant souffert. »

Ce qui fait l'intérêt et la beauté de cette lettre, c'est justement que le commandeur de la Légion d'honneur, conseiller de l'ordre, pour défendre Zola au sein du conseil n'avait nul besoin de savoir si le violent apologiste de Dreyfus avait tort au fond ou disait la vérité. Zola s'est *indigné sincèrement*. Il était *désintéressé*. Cela suffit. Sully Prudhomme le défendra. Quelle ferme et fière idée de la justice ! Quelle sérieuse application pratique des théories du poète et du philosophe sur la dignité humaine !

*

Grand-officier de la Légion d'honneur depuis 1901, Sully Prudhomme fut obligé, en 1903, par l'aggravation de sa mauvaise santé, de donner sa démission de membre du conseil. Il s'était retiré dans sa campagne de Châtenay, près de la vallée aux Loups, où il se promenait dans une petite voiture traînée par son ânesse Charlotte, en fumant une courte pipe. Il travaillait toujours, curieux des problèmes abstraits de la philosophie plus que de toute autre étude, et ne se plaignant de souffrir que lorsque la douleur le forçait d'interrompre son travail. Les jours de vote à l'Académie, il se transportait péniblement à Paris et il entrait à l'Institut appuyé sur sa canne et soutenu par son domestique.

En décembre 1901, il avait eu le prix Nobel, dont il fut le premier destinataire. Il employa la grosse somme d'argent de ce prix à en fonder un autre pour les poètes sans fortune que la pauvreté empêchait de publier leurs vers. Il était coutumier de ces charités. Lorsqu'il obtint le prix Vitet (6000 francs), il en fit six parts égales, dont il y avait cinq pour de jeunes poètes qu'il aimait, et en donnant à André Lemoyne la sienne, il lui dit : « J'ai voulu que cinq de mes amis eussent leur part de la bonne aubaine qui m'arrive. Voici la vôtre, mon cher. Vous m'avez souvent parlé de votre désir de voir les Rembrandt en Hollande. Partez pour Amsterdam et Harlem, et n'oubliez pas les Franz Hals [1]. »

Il donnait beaucoup aux pauvres et participait à un grand nombre de bonnes œuvres. Les catastrophes publiques comme celles de la Martinique, de Courrières, l'affectaient au point de le rendre malade.

« Je me rappelle, écrit M. Paul Desjardins [2], qu'un jour, au temps de l'expédition de nos troupes en Indo-Chine, je le trouvai fort changé et vraiment souffrant ; quelque chose était atteint en lui. Depuis plusieurs nuits, il n'avait pas goûté le sommeil. Il ne put que me raconter les atrocités que les Annamites exerçaient

[1] Article de M. Claretie dans le *Temps* du 17 septembre 1907.

[2] *Journal des Débats*, 19 juillet 1890.

là-bas sur nos soldats tombés en leurs mains. Il en lisait le détail avec une horreur poignante, et par un sentiment qui lui est bien personnel et qui le montre tout entier, si je ne me trompe, il se mit à pleurer, non d'attendrissement, mais d'angoisse, en pensant que c'étaient des souffrances perdues, qu'elles ne servaient à rien, non pas même à l'ennoblissement de ceux qui les subissaient, puisqu'elles n'étaient pas consenties, et qu'ainsi l'ordre moral du monde apparaissait dans sa monstruosité incompréhensible. »

Ainsi, dans le poème du *Bonheur*, est transpercé Faustus, au séjour des délices, par les cris de douleur de la terre.

Son cœur si tendre, — son cœur que l'on brisait en l'effleurant, — n'avait pas besoin, d'ailleurs, pour compatir, d'être touché par de grandes infortunes. Un rien lui causait de la peine, de petits scrupules le tourmentaient comme des remords. Il se désolait à la pensée de faire attendre une réponse, de paraître indifférent à des lettres amicales, d'avoir tardé à lire un de ces nombreux manuscrits dont les jeunes auteurs imposaient sans pitié la lecture à sa complaisance inlassable.

Le 23 mars 1907, ses admirateurs lui offrirent une médaille commémorative du vingt-cinquième anniversaire de son entrée à l'Académie.

Il mourut le 7 septembre, dans son fauteuil, entre les bras de sa sœur, Mme Gerbault, souriant et gai, disant : « Encore ma crise qui vient me rendre visite ! » Il passa ainsi dans l'éternité insensiblement, exempt de l'agonie pour laquelle il avait rêvé, lorsqu'il écrivait les *Solitudes*, d'entendre une musique douce qui eût enchanté sa dernière heure :

> Vous qui m'aiderez dans mon agonie,
> Ne me dites rien ;
> Faites que j'entende un peu d'harmonie,
> Et je mourrai bien.

*

Les *Stances*, les *Solitudes*, les *Vaines tendresses*, d'une sensibilité si exquise, auront toujours la prédilection des cœurs qui aiment, du monde élégant et des femmes, dont le suffrage, chère espérance des poètes, est la forme la plus vraie comme la plus douce de la gloire. Les profonds sonnets philosophiques des *Épreuves*, l'envolée superbe du *Zénith*, le *Tourment divin*, ont une beauté plus virile qui annonce et qui égale celle du poème altier de la *Justice*, cime d'une éblouissante blancheur dominant toute l'œuvre de Sully Prudhomme.

En somme, ce grand poète n'a pas beaucoup d'ampleur ni de souffle. La richesse des couleurs, les inventions verbales, les aventures heureuses manquent généralement à son style, soit par quelque indigence d'imagination, soit par une austérité volontaire. Sa versification timide et soignée exagère un peu la sagesse conservatrice, la soumission aux règles, le culte religieux de l'ordre et de la loi. Mais aucun poète ne chante à nos oreilles et à nos âmes une plus divine musique ; aucun ne nous fait penser davantage ; aucun surtout ne nous inspire plus de sympathie et plus de respect, car aucun ne possède à un degré supérieur, ni même égal peut-être, les deux vertus morales qu'on aime et qu'on vénère par-dessus toutes les autres : la *sincérité* et la *dignité*.

PASCAL

« La dernière chose qu'on trouve en faisant [un ouvrage est de savoir celle qu'il faut mettre la première », a dit Pascal.

Je me rappelais cette ligne des *Pensées* en lisant *Pascal et son temps* [1], trois volumes qui continuent mais qui n'achèvent pas la belle *Histoire du sentiment religieux en France au XVIIe siècle*, que M. Fortunat Strowski commença, il

---

[1] *Pascal et son temps*, par Fortunat Strowski, professeur à l'Université de Bordeaux, 3 vol. in-12. Plon-Nourrit et Cie, Paris.

y a onze ans, par une thèse excellente sur Saint-François de Sales. Un troisième ouvrage « en préparation » sur Fénelon terminera-t-il et conclura-t-il cette histoire ? Oui, si M. Strowski peut nous dire alors ce que c'est que le *sentiment religieux*, et cette « dernière chose » sera celle qu'il aurait dû mettre la première.

Qu'est-ce que le sentiment religieux ? La question ne sera pas jugée inutile, si l'on songe à l'usage peut-être indiscret qu'on fait aujourd'hui de ces deux mots pour désigner par eux un substitut des religions positives, un équivalent, un synonyme de la religion même, et pour s'en contenter. Il paraît clair tout d'abord que « sentiment religieux » doit signifier autre chose que « foi chrétienne ». Cela serait élémentaire, si c'était un fait incontesté que le christianisme n'est pas la seule religion. Mais justement des chrétiens le nient ; il y en a pour qui toute prétendue religion qui n'est pas chrétienne n'a au-

cune valeur religieuse, et Pascal est à leur
tête, lui qui a écrit que le déisme est presque aussi horrible que l'athéisme et que
la religion chrétienne ne les abhorre guère
moins l'un que l'autre. La connaissance
de Dieu, la connaissance de nous-mêmes,
la connaissance de la vie et de la mort
n'étant possibles que par Jésus-Christ, il
en résulte aux yeux de Pascal et des
chrétiens qui le suivent, que toute religion est nulle qui n'a pas Jésus-Christ
pour centre, pour principe et pour fin.
Cependant le chrétien vulgaire admet la
possibilité d'un germe au moins de vrai
sentiment religieux chez les païens, chez
les juifs, chez les bouddhistes, chez les
musulmans, etc.

Inversement, ne peut-on pas imaginer,
ou plutôt ne voyons-nous pas dans l'histoire et dans la vie courante une forme
paradoxale, extravagante, suraiguë de la
foi chrétienne, se révélant par des excès
et des anomalies qui ruinent la santé du

sentiment religieux ? L'élévation de la créature reconnaissante et craintive vers le principe sacré de la vie universelle et, ensuite, la bienveillance envers les hommes, nos compagnons de misères et de joies : voilà, semble-t-il, le minimum sinon l'accomplissement de la *religion* au sens rudimentaire du mot. Mais où est la piété, où est l'humanité de l'ascète, dont la vie présente est rendue hideuse par l'effroi de la damnation éternelle, qui achète le bonheur d'outre-tombe par la souffrance et la privation ici-bas, qui s'interdit les tendres effusions du cœur au sein de sa famille, de peur de « trop donner à la nature », qui est bon par un calcul égoïste et charitable pour faire son salut ? Les jésuites rendaient le christianisme trop aimable aux gens du monde, et Pascal a eu bien raison de leur en faire un crime ; mais les jansénistes rendaient « Dieu haïssable », au dire des jésuites, qui vraiment n'avaient pas tout à fait tort de faire à l'ennemi, pour leur défense, cette réponse offensive.

On objectera que le sentiment religieux, pour être maladif, n'en est pas moins réel, et que même il devient d'autant plus apparent; qu'il ne s'agit ici que d'un fait à constater, et que le fait existe manifestement sous cette forme, si déplaisante qu'elle soit. D'accord; mais il est juste que nous le reconnaissions en premier lieu sous la forme qu'il a quand elle n'est point contraire à la nature. — Sterne raconte, dans son *Voyage sentimental en France*, une scène assez belle dont il fut témoin dans la ferme d'un paysan français. La famille venait de souper, des danses avaient suivi le repas du soir.

« Ce fut seulement au milieu de la seconde danse que je crus apercevoir, à certaines pauses pendant lesquelles ils paraissaient tous lever les yeux, une élévation de l'âme différente de celle qui est la cause ou l'effet de la simple gaieté. En

un mot, il me sembla que je contemplais
la Religion se mêlant à la danse ; mais
comme je ne l'avais jamais vue à pareille
fête, j'aurais regardé cela comme une des
illusions d'une imagination qui m'égare
perpétuellement, si le vieillard, aussitôt
que la danse fut finie, ne m'eût dit que
c'était leur constante habitude, et que,
toute sa vie, il s'était fait une règle, après
chaque souper, d'inviter sa famille à danser et à se réjouir ; croyant, disait-il,
qu'un cœur joyeux et content était la
meilleure espèce d'action de grâces qu'un
paysan sans instruction pût offrir au ciel.
— Ou un savant prélat, repartis-je. »

Voilà le sentiment religieux à l'état pri-
mitif et simple, à *l'état de nature*, par opposition à ce qu'il devient quand il fait violence à la nature. Il est possible, mais il
n'est point nécessaire, que ce sentiment,
rencontré chez un paysan français du
xviiie siècle, eût donné, à l'analyse, un
élément chrétien. L'action de grâces ainsi

comprise ne relève pas plus de la croix du Christ que du culte solaire. Quand Rabelais entonne la louange du « Grand, Bon, Piteux Dieu, lequel ne créa onques le caresme, ouy bien les salades, harengs, merlues, carpes, brochets, dars, umbrines, ablettes, ripes, etc. *item* les bons vins [1] », il est *religieux*, lui aussi, mais comme les bêtes le seraient, s'il était vrai qu'elles fussent capables de religion, ainsi que Montaigne et d'autres philosophes l'ont pensé des éléphants et des chiens. Religion réelle et vraiment *naturelle*, mais peu intéressante, depuis que le christianisme a ouvert à l'homme des horizons plus dignes d'occuper sa pensée.

Si le christianisme est la dernière des grandes conceptions religieuses de l'humanité, si l'amour des hommes en Dieu, — point de départ de la religion chrétienne dans l'enseignement de Jésus, — est aussi

[1] Lettre à maistre Antoine Hullet.

la vérité capitale et unique où la foi doit aboutir et revenir après toutes les évolutions des dogmes, l'histoire du sentiment religieux se distingue peut-être de celle du christianisme, mais elle n'a d'intérêt pour nous que par rapport au christianisme. Il n'y a donc pas lieu d'attacher une grande importance à la différence théorique qui peut subsister entre la foi chrétienne et le sentiment religieux, et M. Strowski pouvait négliger sans beaucoup d'inconvénient cette définition préalable.

Religieux ou spécifiquement chrétien, est-ce, en définitive, à un *sentiment* que l'ancien christianisme positif est destiné à se réduire pour continuer à vivre ? Tout l'intérêt pratique de l'étude que notre auteur a entreprise et qu'il poursuit, est là.

I

Le sentiment religieux languissait en France à la fin du XVIe siècle. L'ardeur mystique, d'où la Réforme était sortie, avait suscité, par contagion ou par opposition, une ardeur égale dans les âmes catholiques ; mais des deux côtés le zèle s'étant enflammé jusqu'à la fureur, la guerre civile et tous les fléaux ayant fait rage, le pays était las, avide de repos ; il aspirait à voir régner la paix et ce qu'on entendait alors par *tolérance*, à savoir, la tranquille souveraineté d'un maître assez fort pour rendre inutiles les violences injustes du pouvoir et follement impossible toute velléité de sédition.

On s'était rallié au catholicisme, non par une véritable préférence religieuse, mais parce que c'était la religion de l'État et que l'ordre y trouvait plus de garanties. Des magistrats qui n'aimaient guère le pape, ou qui même avaient des sympathies pour la Réforme, Paul de Foix, le président de Thou, Montaigne, Du Vair, furent de ces *catholiques d'État*. Ils allaient à la messe par la même raison que le doyen de la Sorbonne, Victor Le Clerc, qui disait un jour au cardinal Lavigerie : « Je vais à la messe parce que Cicéron me le prescrit dans son traité *Des lois*. » Ronsard, poète de cour, a fort malmené les protestants. Croit-on que dans ses invectives il y ait un sentiment, une idée de l'ordre proprement religieux ? Nul atome. Il n'aime guère le catholicisme, mais il hait la Réforme, qui heurte son loyalisme monarchique, son respect pour l'autorité. « Morte est l'autorité ! » Voilà tout le grief.

Sainte-Beuve avait écrit dans son *Port Royal*[1] :

[1] Tome II, p. 428.

« On a fait un livre intitulé le *Christianisme de Montaigne*, comme on en a fait un sur le *Christianisme de Bacon*. M. de Maistre a fort éventé celui-ci ; quant à Montaigne, le simple coup d'œil eût dû avertir, et je ne vois pas ce qu'on gagnerait, à toute force, à faire conclure qu'il peut bien avoir paru très bon catholique, sauf à n'avoir guère été chrétien. »

Avec plus de netteté, M. Strowski répète dans son *Saint-François de Sales* : « De catholiques plus solides que Montaigne il en est peu, mais il est peu de catholiques moins religieux que lui[1]. »

Montaigne passe sous silence non seulement la croix de Jésus-Christ, mais ses leçons de divine sagesse. Ce grand cita-

---

[1] M. Strowski n'a pas cru devoir s'en tenir à ce très judicieux jugement. Dans la conclusion de son livre sur Montaigne, il tente de restituer à l'auteur des *Essais* la véritable foi chrétienne, avec plus d'ingéniosité dialectique, peut-être, que de soumission pure et simple aux textes et aux faits.

teur omet toujours d'alléguer les écrivains sacrés et les Pères de l'Église. Il ne se repent de rien. S'il avait à revivre, il revivrait comme il a vécu. Il parle, en païen, de la mort, comme d'une profondeur muette et obscure où il se plongera stupidement, tête baissée, sans la considérer ni reconnaître, et qui l'engloutira tout d'un coup. — « Paroles horribles, dira Pascal, qui marquent une extinction entière de tout sentiment de religion. »

Et cependant Montaigne mourra correctement, en bon catholique, soumis au jugement de ceux à qui il appartient de régler ses actions, ses écrits et même ses pensées, désavouant dans sa « rapsodie » tout ce qui pourrait se trouver « contraire aux saintes prescriptions de l'église catholique et romaine, en laquelle, dit-il, je meurs, et en laquelle je suis né. »

L'état d'esprit des gens sérieux et cultivés offrait alors une frappante analogie

avec celui des stoïciens de la République
romaine finissante. Ils pratiquaient par
raison et en l'humanisant le plus possible
une divine religion à laquelle ils ne
croyaient guère. Du Vair, sans jamais
nommer Jésus-Christ qu'il remplace par
Épictète, s'acquitte des devoirs de la religion officielle, comme Thraséas et Marc-
Aurèle, dont il professe la haute morale.

Il semble qu'à défaut du christianisme
éteint ou endormi, le stoïcisme en pourrait
être un assez passable substitut puisque sa
morale est belle en somme et qu'il dirige
l'homme vers le bien. Oui, assurément,
les deux doctrines et les deux pratiques
seraient équivalentes jusqu'à un certain point... si stoïcisme et christianisme
n'étaient pas justement le contraire l'un de
l'autre. Le stoïcien prend en lui-même son
point d'appui pour s'élever à Dieu : ce qui
est, aux yeux du chrétien, le comble de l'orgueil, une « superbe diabolique », comme
s'exprime Pascal ; car l'abîme est infran-

chissable par nos seules forces entre notre devoir et notre pouvoir. — Le stoïcien croit, en outre, que la morale, loin d'être fondée par la religion, lui est antérieure et supérieure.

Or, ces idées païennes sont précisément celles que Pierre Charron, philosophe chrétien et même prêtre, a soutenues. Il faisait profession de christianisme. N'étant pas assez intelligent pour comprendre le sens et la portée de tout ce qu'il écrivait ou plutôt compilait, il a cru de bonne foi servir la religion. Mais qu'y a-t-il qui lui soit plus contraire que d'affirmer qu'on peut apprendre sans la religion à « faire excellemment l'homme » ? — de contredire « ceux qui ne reconnaissent autre vertu ni prudhomie que celle qui se remue par le ressort de la religion » ? — de mettre complaisamment en relief la méchanceté des Pharisiens, « gens pourtant religieux », la probité et la vertu de tant de philoso-phes, « toutefois irréligieux » ? — ou encore, de déclamer en ces termes contre les sacrifices : « Quelle aliénation de sens ! penser flatter la divinité par inhumanité ! satisfaire à sa justice par cruauté ! Justice donc affamée de sang humain ! » Charron écrit cette phrase sans songer que le sacrifice de la Croix est le terme et l'accomplissement de tous les autres, et en ajoutant même (ce qui serait une malice digne de Voltaire si ce n'était pas la distraction d'un rhéteur très superficiel) : « Tout cela a été aboli par le christianisme. »

« Charron, conclut M. Strowski sur ce philosophe, a montré qu'il y a une religion sans morale, celle du dévôt ; une morale sans religion, celle du sage ; un Dieu sans religion, celui du déisme. » Et le Père Garasse, bien qu'il ait forcé la mesure, ne s'est pas absolument trompé en voyant dans le traité *De la Sagesse* « le bréviaire des libertins ».

Cependant, s'il est vrai que les procès

de tendance sont chose peu équitable, il convient de ne pas confondre les stoïciens du XVIIe siècle avec les « libertins ». La confusion de deux états moraux qui paraissent si contraires « répugne » au sens commun, comme on disait en ce temps-là, à moins que *libertinage* ne soit pris pour un synonyme parfaitement exact de ce que nous entendons aujourd'hui par *libre-pensée*. Mais non, les mœurs et l'esprit du XVIIe siècle ne nous autorisent point, quoi qu'on en ait quelquefois écrit, à faire cette assimilation.

Les libertins en général n'étaient ni des esprits libres ni des esprits forts. Le bûcher même dont ils étaient menacés et qui en a brûlé quelques-uns n'a pas réussi à les rendre intéressants. La religion était pour eux non une erreur ou un mensonge, mais un maître importun de la pensée et de la vie, et, s'ils la rejetaient, ce n'était point parce que leur raison n'y pouvait croire, c'est parce qu'elle gênait leurs ap-

pétits. Lorsque le médecin-abbé Bourde-
lot, Condé et la princesse Palatine s'achar-
nèrent à brûler un morceau de la vraie
croix, qui résista miraculeusement à leurs
efforts, — si bien que ce miracle déter-
mina la conversion de la princesse, —
leur crédulité était toute pareille, selon la
remarque de Sainte-Beuve [1], à celle des
pieuses âmes qui croyaient à la guérison
par la Sainte-Épine. Il est donc permis
d'avoir fort peu d'estime pour les *libertins*, sectateurs vulgaires d'Aristippe, aussi
peu dignes d'Épicure que de Zénon.
Quand Bossuet les bouscule et les fouaille
sans daigner même leur opposer des raisons « qu'ils n'ont jamais pris la peine
d'examiner sérieusement », ils n'ont que
ce qu'ils méritent.

Les libertins avaient un esprit si peu
sérieux qu'ils traitaient la science avec la
même légèreté que la religion, et c'est

[1] *Port Royal*, t. III, p. 3o3.

une chose qu'on ne sait pas assez. Au XVIIe
siècle, l'incrédulité n'était pas encore ce
qu'elle est devenue plus tard, une alliée
de la science contre la religion : au contraire, il semble (comme le Père Mersenne
l'a charitablement remarqué) que les in-
crédules d'alors voulussent glisser leur
mépris de la science dans l'esprit des jeunes gens « portés au libertinage et à toute
sorte de voluptés et de curiosités, *afin
que, ayant fait perdre le crédit à la vérité en ce qui est des sciences* et des choses naturelles, ils fissent de même en ce
qui est de la religion. »

Pendant que les libertins se brouillaient
étourdiment avec la science, les savants en
général, quelle que fût la ferveur ou la tiédeur de leur foi, restaient professionnelle-
ment fidèles à la religion. Le Père Mersenne
et le Père Garasse lui-même avouent qu'il
n'y a point de médecins libertins dans l'é-
cole de Paris. Les propos hardis d'un Guy
Patin, ennemi des ultramontains et des

moines, sont des licences non d'incroyant, mais de frondeur. Ainsi, la vérité scientifique, qui aura bientôt à se défendre contre le dogmatisme religieux, se trouve d'abord aux prises avec le scepticisme libertin.

Pascal a vécu au milieu de ces savants qui étaient des croyants ; il n'a pas plus douté de la science que de la religion, et, avec l'infinie différence de vénération et d'amour que le divin réclame, il les a toujours considérées respectueusement l'une et l'autre.

Le doute méthodique de Descartes fut, dans l'ordre philosophique, l'organisation et la discipline du doute qui se donnait carrière et prenait ses licences sans règle et sans mesure dans les écrits des libres-penseurs [1]. Au point de vue religieux et chré-

____

[1] « L'on n'a peut-être pas assez remarqué que l'œuvre de Descartes fut une réaction du doute méthodique contre ce doute sans règle et sans frein

lien, l'auteur du *Discours de la méthode*
ressemble, à s'y méprendre, aux catholiques d'État du XVIe siècle finissant ; il leur
ressemble même avec cette aggravation,
que ceux-ci avaient définitivement accepté
le *Credo* de l'Église, tandis que Descartes,
invitant le christianisme à vouloir bien
« se remiser dans une salle d'attente honorable », jusqu'à ce que la raison ait eu
le temps de vérifier ses titres, ose admettre par là même la possibilité ultérieure
d'un refus motivé [1]. Et ce n'est pas aux
stoïciens seulement, c'est aussi aux liber-

dont les livres étaient remplis. » (Vinet, *Études sur
Blaise Pascal*, page 241.)

[1] « Vainement le grand métaphysicien donne-t-il
des gages de respect envers l'Église en offrant au
christianisme, à côté du doute méthodique, *une
salle d'attente honorable où se remiser*, jusqu'à ce
que la nouvelle philosophie qui marche à sa rencontre l'ait rejoint ; cette concession ne peut paraître qu'insolente et dérisoire au grand chrétien. »
(Sully Prudhomme, *La vraie religion selon Pascal*,
p. 340.)

tins que ressemblait Descartes par sa fameuse prescription d'obéir aux lois et aux coutumes de son pays en retenant la religion où l'on est né. Vanini, brûlé en 1619, conseillait la même conduite par prudence, la profession d'athée étant alors mortellement périlleuse.

Les deux autres maximes de la morale provisoire de Descartes sont stoïciennes comme la première : « Être le plus ferme et le plus résolu en mes actions que je pourrais », — « Tâcher plutôt à me vaincre que *la Fortune*, et à changer mes désirs que l'ordre du monde. » C'est le stoïcisme, non le christianisme, qui inspire Descartes en toute occasion. Rien de plus fier, mais rien de moins chrétien que l'exhortation qu'il adresse à la princesse Élisabeth, d' « acquérir cette souveraine félicité que les âmes vulgaires attendent en vain *de la Fortune*, et que nous ne saurions avoir *que de nous-même*. » Il va jusqu'à opposer les leçons du stoïcisme à celles du

christianisme et à préférer les premières.
Dans une lettre où il explique comment il
« se console de la mort de ceux qu'il a ai-
més » et comment il « s'empêche de crain-
dre la sienne propre, nonobstant (ajoute-
t-il) que j'estime assez la vie », il propose
comme le meilleur remède la pensée philosophique de l'immortalité de l'âme, il
se la prouve par des raisonnements de
philosophe, et il ajoute ceci, qui est bien
curieux : « Quoique la religion nous enseigne beaucoup de choses sur ce sujet,
j'avoue néanmoins en moi une infirmité
qui m'est, ce me semble, commune avec
la plupart des hommes : à savoir que,
nonobstant que nous veuillions croire et
même que nous pensions croire très fer-
mement à tout ce qui nous est enseigné
par la religion, nous n'avons pas néanmoins coutume d'être si touchés des choses que la seule foi nous enseigne et où
notre raison ne peut atteindre, que de
celles qui nous sont avec cela persua-

dées par des raisons naturelles et fort
évidentes [1]. »

C'est le contraire qui est vrai, aux yeux
de Pascal. Et voilà pourquoi Descartes
« sera pour lui l'ennemi, comme représentant le rationalisme scientifique, la science
aspirant à fournir une philosophie et à remplacer la religion [2] ».

Le sentiment religieux, comme la poésie, comme l'amour, comme tout ce qui est
un aliment pour l'âme, ne saurait périr ;
mais il peut subir soit de graves atteintes
dans sa forme normale et saine, soit des
éclipses plus ou moins longues. Où était-il,
et quelles formes avait-il revêtues dans le
premier quart du xviie siècle ?

Il existait d'abord chez les protestants,
dont le schisme religieux avait été, avant

[1] Cité par M. Strowski, avec renvoi à la *Correspondance* de Descartes, t. III, p. 580.

[2] Article de M. Lanson sur Pascal dans la *Grande
Encyclopédie*.

tout, une crise ardente de la foi. Après la terrible épreuve de leur liberté perdue, de leur sécurité ruinée, des massacres, des guerres et du sang versé de part et d'autre, les protestants ne jouissaient pas de l'Édit de Nantes depuis assez longtemps pour que la paix eût déjà produit la tiédeur et la langueur de zèle qui finissent généralement par payer un bien si précieux. « Personne presque alors, *en dehors des réformés*, n'a de véritable piété », écrit M. Strowski [1].

Cependant le sentiment religieux se réveillait dans l'autre église. L'histoire des monastères, de la prédication fidèle et vaillante d'apôtres tels que Pierre de Bérulle, Vincent de Paul et François de Sales ; l'histoire des Jésuites, des Jansénistes, de Port-Royal ; celle de Pascal surtout, nous font voir les étapes de cette anxieuse recherche et comment le sentiment reli-

[1] *Saint François de Sales*, p. 38.

gieux catholique s'est enfin retrouvé et res-
saisi.

Les catholiques d'État, les néo-stoïciens,
les sages, — de Montaigne à Descartes, —
en mettant la religion à part et très haut,
en lui faisant de si profondes révérences
qu'ils finissent par avoir l'air, comme on
l'a dit, de se moquer d'elle, élèvent un mur
entre elle et la vie ; et la forme matérielle
de l'idée qu'ils s'en font est le *monastère*.
Du Vair n'a pas la moindre notion d'un
christianisme où l'âme appartient conti-
nuellement à Dieu au milieu des devoirs
et des affaires du monde. « La vie religieuse est, pour lui, une sorte de retraite
où l'on n'entre qu'après avoir épuisé son
activité au service du prince, de l'État et
des hommes. » Seuls donc, dans le catholicisme, à une certaine époque, les moines
et les solitaires faisaient profession d'être
dévots.

L'œuvre propre et singulièrement excellente de saint François de Sales fut d'expli-

quer à ses frères catholiques que le sentiment religieux n'exige pas qu'on se retire
dans un désert et qu'on s'exténue par
des austérités. Il montra dans son charmant chef-d'œuvre que *la Vie dévote* n'a
pas besoin des exploits extraordinaires
d'un héroïsme surhumain, et qu'on peut
en remplir parfaitement l'idée par l'exercice, avec l'aide de Dieu, des petits devoirs
et des vertus communes. Il préconisait,
comme les Réformés, le principe mystique
de la foi, mais il préconisait aussi, — à la
différence des Réformés, — les pratiques,
les cérémonies, les bonnes œuvres, non
comme le but de la religion, mais comme
un moyen, un « art », une méthode précieuse à suivre pour procurer la conversion
essentielle du cœur.

Saint François de Sales est vraiment la
riche fontaine d'eau vive où tout le sentiment religieux du XVIIe siècle a repris
naissance pour se diviser ensuite et se
précipiter en d'étroits courants très divers.

Fondateur de la religion du cœur et de la
foi directe, il a ouvert la voie à Pascal.
C'est une chose remarquable que cet aimable évêque, qui offre avec Fénelon tant de
ressemblance superficielle, ne se soit point
amusé aux preuves physiques de l'existence de Dieu, bien qu'il aimât la nature
et que son style surabonde en fleurs et en
images écloses de cette contemplation.
Avant lui, les apologistes du christianisme
posaient les fondements de la foi dans la
raison d'abord : ils prouvaient Dieu par
la métaphysique, par les causes finales,
par le consentement universel ; ils recom-
menceront plus tard cette dialectique vaine,
sans comprendre (ce que Pascal verra clairement) qu'il y a plus d'obscurité que de
lumière dans les preuves métaphysiques
et que l'argument des causes finales est
la faiblesse même ; sans songer que l'appel au sens commun est une méthode antichrétienne, puisque le christianisme orthodoxe « fait, de la vérité, le secret du petit

nombre, et, pour tous les autres, une folie [1]. »

Avec une profonde clairvoyance, l'évêque de Genève s'est refusé à faire de la religion naturelle une première étape vers la foi, parce qu'on va droit ainsi à la morale naturelle, conclusion du siècle précédent et ruine du sentiment religieux, qui meurt, quand il devient, comme le voulait Charron, un simple « complément », et quand il perd son trône et sa couronne.

François de Sales n'était pas stoïcien, mais chrétien : ce qui veut dire qu'il espérait en la grâce divine, non en l'humaine vertu, pour la conversion du pécheur. Il était donc janséniste avant la lettre avec modération, et il gardait ce qu'a de bon saint Augustin, que Jansénius allait outrer. En même temps, c'était un bon jésuite : car il y eut de bons jésuites ; il y a même un bon jésuitisme, et c'est ce que

[1] Vinet, *Études sur Pascal*, p. 243.

les *Provinciales* nous font trop oublier ou méconnaître. La pensée très juste de Molina était que, si la religion a été donnée aux hommes pour les sauver, il faut la rendre hospitalière au monde ; il estimait avec beaucoup de raison que le christianisme n'aura pas de quoi être fier et chanter victoire, le jour où le nombre des élus sera réduit aux *sept mille* prédestinés qui « n'ont pas fléchi le genou devant Baal » et que l'auteur des *Pensées* recompte d'après l'Écriture [1].

A force de faire du salut un don spécial réservé aux rares privilégiés de la grâce, bientôt il n'y a plus d'Église ; tous les chrétiens de nom méritent que Saint-Cyran les traite de « pélagiens, de païens ou d'hérétiques » ; et les élus, séparés du monde, soit par les murailles d'un cloître, soit par l'horreur qu'ils ont du progrès des idées, ne sont plus « le sel de la terre ».

[1] Article XXV, § 106 de l'édition Havet.

Ils foudroient les libertins : exploit beaucoup moins utile que de les persuader et de ménager habilement leur retour à la religion.

Réconcilier la raison, la nature, la science avec la religion chrétienne : voilà le bon jésuitisme. L'intention est louable ; mais, il faut l'avouer, le péril est immense, et ce n'est rien de moins que la dissolution du christianisme par infiltration de la sagesse humaine dans son essence sacrée. Pascal a vu cet effet funeste et presque inévitable des leçons de Molina ; effrayé, il s'est jeté dans l'extrême contraire avec violence. Saint-François de Sales, — moins grand, plus accessible à la moyenne de l'humanité, — n'a pas eu besoin de défier la nature. Il a su maintenir la morale avec la religion, sans sacrifier le libre arbitre, sans prêter à la grâce ce rôle exorbitant qui semblerait devoir briser dans l'âme le ressort de toute activité si, au contraire, en fait, la doctrine luthérienne, calviniste,

janséniste, augustinienne du « serf arbitre »
ne s'était pas toujours montrée instigatrice
de vertu, par une conséquence paradoxale
dont Brunetière étonné cherchait en vain
la liaison logique [1].

II

L'histoire des travaux scientifiques de
Pascal, de ses inventions propres, tant
dans la mathématique abstraite que dans
l'ordre pratique, et de ses relations avec
les grands savants contemporains, — par-

[1] « Comment se fait-il que, quand les théoriciens
d'une religion ont voulu garder sa dignité au libre
arbitre, ils ont abouti à la morale la plus relâchée ?
Pourquoi la morale la plus sévère a-t-elle été pro-
posée par ceux qui enlevaient le plus au libre arbitre ? A cette question je n'ai vu nulle part de réponse satisfaisante. » (Note prise par un élève de
l'École normale supérieure au cours de Brunetière.)

ticulièrement l'examen du grave procès
qu'on vient de lui refaire encore à propos de sa part usurpée ou réelle dans la
découverte de la loi physique d'où le baromètre est sorti, — tout cela devait peut-
être occuper une place considérable dans un
livre qui est une enquête complète sur Pascal et qui révèle chez son auteur une rare
compétence en des matières respectueusement tenues à l'écart par les purs philosophes et les simples lettrés. Mais ne
voulant traiter ici que du sentiment religieux, la science n'appartient à ma propre étude que par ce qui intéresse la religion.

Quand on parle du sentiment que les
hommes du xviie siècle apportaient dans
l'étude de la science ou plutôt des sciences, il convient de faire tout d'abord une
distinction générale et capitale entre les
sciences de la nature et les mathématiques.
Seules les mathématiques étaient en grand
honneur. Jansénius condamne « la recher-

che des secrets de la nature » comme une curiosité inutile, indiscrète, une « concupiscence de l'esprit ». Malebranche, à son tour, écrira : « Les hommes ne sont pas faits pour considérer des moucherons, et l'on n'approuve point la peine que quelques personnes se sont donnée de nous apprendre comment sont faits certains insectes, et la transformation des vers, etc. Il est permis de s'amuser à cela quand on n'a rien à faire, et pour se divertir[1]. » Il faut généraliser davantage ; remontons à la cause de la haute estime du xviie siècle pour les mathématiques et de son mépris relatif pour la science concrète. Si les premières étaient si fort recommandées, c'était à titre, non de clef pour découvrir l'ordre de l'univers, mais simplement de *méthode utile pour exercer et perfectionner la raison*. « On ne devrait se servir

[1] Cité par M. Faguet dans ses *Études littéraires sur le XVIIIe siècle*, p. viii.

des sciences, déclare la *Logique* de Port-Royal, que comme d'un instrument pour perfectionner sa raison. »

Quelle fut, en face de la science ou des sciences, ainsi distinguées dans leurs objets et dans la considération des hommes, l'attitude de Pascal ? Elle fut singulière, assez différente de celle de ses contemporains et de ses amis.

Il est trop certain que, malgré son immortel cri d'effroi devant « le silence éternel des espaces infinis », Pascal est très loin d'avoir eu la vision du *Cosmos*, telle qu'elle devait apparaître aux yeux d'un Gœthe ou d'un Humboldt ; mais il est un peu étonnant que l'occasion lui ayant été offerte de lever au moins un coin du voile, il ne l'ait pas saisie avec ardeur. On ne peut s'empêcher de trouver bien étrange que les « hypothèses » de Galilée, et d'abord de Copernic, ne l'aient pas intéressé davantage. « Je trouve bon qu'on n'approfondisse pas l'*opinion* de Copernic. » C'é-

tait pourtant d'une tout autre importance
que la découverte même de Torricelli ! Le
renversement de l'ancienne cosmologie,
n'est-ce pas, comme Renan l'a dit sans la
moindre exagération, « la plus grande
date de l'histoire de l'esprit humain » ? Je
n'ai garde d'oublier que la dix-huitième
Provinciale défend très éloquemment Galilée :

« Ce fut en vain que vous obtîntes contre Galilée ce décret de Rome qui condamnait son opinion touchant le mouvement de la terre. Ce ne sera pas cela qui
prouvera qu'elle demeure en repos ; et si
l'on avait des observations constantes qui
prouvassent que c'est elle qui tourne, tous
les hommes ensemble ne l'empêcheraient
pas de tourner, et ne s'empêcheraient pas
de tourner aussi avec elle. »

Mais on dirait vraiment qu'il n'est
question ici que d'un fait particulier, non
d'une grande loi dont la révélation allait
transformer de fond en comble l'idée que

nous devons nous faire de la terre et du ciel. Les cinq propositions sont-elles dans l'*Augustinus* ? Simple question de fait aussi, qu'il ne s'agit que de vérifier et sur laquelle il est permis d'avoir un autre avis que Rome, sans s'écarter, par une vraie hérésie doctrinale, du système de la religion révélée et sans sortir du giron de l'Église.

Pascal — contrairement à notre préjugé — était moins un généralisateur hardi, un vrai philosophe de la science, qu'un savant minutieusement attentif et scrupuleusement soumis aux faits. Il se distingue en cela d'un siècle idéaliste et rationaliste avant tout. Il avait une conscience scientifique digne des expérimentateurs modernes les plus exigeants. Dans ses recherches sur l'existence du vide et sur la pesanteur de l'air, il n'a jamais fait un pas trop vite et qui ne fût très solidement assuré. Parce qu'il est l'auteur des *Pensées*, nous avons de la peine à nous figurer combien son esprit était *pratique* et quelle place a tenue dans les études de toute sa vie ce que l'Anglais utilitaire appelle *the matter of fact*. La machine arithmétique qu'il construisit dans sa première jeunesse et pour laquelle, nous dit-on, il fit avec persévérance « plus de cinquante essais », est beaucoup moins remarquable, paraît-il, par l'esprit calculateur qu'elle révèle que par l'habileté de la main d'œuvre. Ce n'est pas un géomètre, un « abstracteur de quintessence », qui l'a trouvée, c'est « un *ingénieur*, un fabricant d'instruments de précision ». Plus tard, l'invention des carrosses publics à cinq sous la place, ou omnibus, montre dans l'analyste des « deux infinités » un génie industrieux, *industriel*, soucieux d'application, de ce que Bacon nomme le *fruit* dans sa langue imagée, autant que pouvait l'être l'auteur lui-même du *Novum Organum*.

Cette remarque est moins étrangère que le lecteur ne le croit à la question religieuse et l'on en verra tout à l'heure l'importance dans l'exposé du plan que Pascal avait conçu pour son apologie du christianisme. Redisons d'abord qu'il n'a jamais douté de la science. Nulle part il ne la condamne comme fausse [1], bien qu'il lui arrive, — ce qui n'est pas la même chose, — de la déclarer inutile et vaine. L'idée, née à peine de son temps et bien confuse encore, que la science puisse faire sérieusement échec à la foi, ne l'a pas effleuré ; et c'est, comme M. Lanson l'a marqué avec force, parce qu'il ne cherchait pas dans la science une philosophie qu'il a pu s'y livrer sans scrupule. Soit avant, soit après sa grande « conversion », c'est-à-dire la crise qui, d'un chrétien extérieur, fit de lui un vrai chrétien, « il fut simultanément et paisiblement croyant et savant », n'ayant jamais renoncé ni à la science ni à la raison, se moquant volontiers de la présomption

[1] Ed. Droz, *Étude sur le scepticisme de Pascal*.

des savants et des philosophes, mais gardant toute son estime pour le raisonnement logique et pour les méthodes de la science.

Assez longtemps il chercha le chemin de la foi et, du même coup, sa méthode apologétique ; car les deux recherches n'en faisaient qu'une pour lui. C'est dans son *expérience personnelle* qu'il devait finalement trouver la meilleure marche à suivre pour la démonstration de la vérité religieuse.

Il avait entendu souvent Étienne Pascal, son père, bon catholique à la façon de Descartes, professer que ce qui est matière de foi ne saurait être l'objet des arguments de la raison. Et il avait entendu aussi un certain capucin défroqué, docteur en théologie, Jacques Forton dit Saint-Ange, soutenir, au contraire, qu'un esprit vigoureux peut, sans le secours de la foi, parvenir par le raisonnement seul à l'intelligence des mystères de la religion. Blaise, qui

n'était pas l'homme des idées moyennes
et dont la dialectique impétueuse se pré-
cipitait d'un extrême à l'autre, paraît a-
voir d'abord admis ces deux thèses suc-
cessivement sans les concilier. Certes, il
n'était pas de l'avis de Saint-Ange, quand
il l'a violemment dénoncé, poursuivi comme
hérétique, jusqu'à ce que le pauvre capucin eût signé une rétractation dont les termes furent arrêtés par M. Pascal père.
Mais il ne s'en tenait pas non plus à l'o-
pinion de celui-ci, puisque, dans un entretien avec M. Rebours, confesseur de Port-
Royal, il avança un paradoxe qui ressemble
singulièrement à celui de Saint-Ange.

« Comme il causait avec M. Rebours,
il lui dit qu'il serait possible de démontrer, par les principes mêmes du sens commun, beaucoup de choses dont se scan-
dalisaient les esprits forts ; et il exprima
l'avis que le raisonnement bien conduit
portait à admettre ces enseignements de
la religion, encore que le devoir du chré-

tien fût de les croire sans l'aide du raisonnement. Or, là-dessus, M. Rebours s'inquiéta [1]... »

Et voici maintenant le fils d'Étienne qui reparaît dans ces lignes de Pascal adressées au Père Noël, jésuite, professeur de Descartes et son ami :

« En ce qui concerne les sciences nous ne croyons qu'aux sens et à la raison. Nous réservons pour les mystères de la foi, que le Saint Esprit a révélés, cette soumission qui ne demande aucune preuve sensible ou rationnelle. »

Ce qu'il y eut d'inconsistant dans la pensée et dans la conduite de Pascal avant la fameuse nuit de novembre 1654 où il se donna tout entier à Jésus-Christ, s'explique par le fait que jusqu'à sa trentième année il n'était pas véritablement chrétien. Sa première « conversion », puisqu'on en

[1] Boutroux, *Pascal* dans la *Collection des grands Écrivains français*. — Lettre de Pascal à sa sœur, Mme Périer, du 26 janvier 1648.

compte deux, avait été superficielle. Il savait très bien et il *croyait*, pour l'avoir appris de Jansénius, de saint Augustin ou même de saint Paul, qu'attribuer aux facultés naturelles de l'homme le pouvoir de contribuer à notre salut, c'est anéantir l'œuvre de la Croix, et qu'une pareille doctrine est abominable. Son esprit scientifique le prédisposait à la négation du libre arbitre, qu'il traite de sottise et d'orgueil, les vrais savants ayant toujours eu plus de peine que les hommes ignorants et légers à concevoir des commencements absolus, des initiatives indépendantes et indéterminées, des phénomènes sans cause et sans lien. Enfin il professait bien effectivement le christianisme, puisque, le 17 octobre 1651, il écrivait à sa sœur aînée, Mme Périer, une belle lettre de consolation chrétienne sur la mort de leur père. « Considérons la mort en Jésus-Christ, disait-il dans cette lettre. Sans Jésus-Christ elle est horrible, elle est détesta-

ble, et l'horreur de la nature. En Jésus-
Christ elle est tout autre... » Il écrivait
cela d'après Saint Cyran, et sa raison était
convaincue, mais son cœur n'était pas
profondément touché. Janséniste déjà fer-
vent et prêt à la grande bataille, il n'était
pas encore le chrétien vraiment converti
qu'il fut durant les neuf dernières années
de sa vie.

Par une succession qui est devenue
rare, tandis que la marche inverse est fré-
quente, *le cœur, chez Pascal, était en re-
tard sur la raison.* C'est l'ordre contraire
à celui du scepticisme ; c'est le drame intérieur de Sully Prudhomme renversé :

> Le cœur dit : « Je crois et j'espère... »
> L'intelligence lui dit : « Prouve. »

Pascal croit, de la foi qui est une doctrine ; il voudrait croire, de celle qui est
une vie : il ne le peut. Pourquoi ? Évidemment, parce que la grâce lui manque.
L'achèvement de son salut, c'est Dieu qui

le fera. Et l'expédient divin (car Dieu se sert parfois de voies bien extraordinaires) sera d'abîmer Pascal dans le «bourbier», pour employer le terme de sa jeune sœur Jacqueline.

Sainte-Beuve a écrit [1] que le bonheur et le caractère de Pascal, comme aussi des hommes de Port-Royal généralement, fut, quand ils se convertirent, de n'être jamais revenus de bien loin ; ils rentraient dans la religion étroite sans s'en être absolument écartés, sans avoir eu ni ruine de l'âme ni aucun dérèglement fondamental. C'est vrai, à notre point de vue de chrétiens tièdes et d'hommes médiocres, mais non pas au point de vue des grands jansénistes qui se convertissaient. La sœur de Blaise ne ménage pas ses expressions. Elle parle du «grand abandonnement» où était «son pauvre frère» du côté de Dieu, et des «horribles attaches» qui

[1] *Port-Royal*, t. II, note de la page 477.

retenaient son élan vers la délivrance. La
mère Angélique conservait peu d'espoir
d'un miracle de la grâce « en une personne comme lui ». Lorsqu'il a enfin reçu
cette grâce, Jacqueline s'étonne, « car il
me semble, écrit-elle à son frère, que vous
aviez mérité, en bien des manières, d'être
encore quelque temps importuné de la
senteur du bourbier que vous aviez em-
brassé avec tant d'empressement ». Et
Pascal lui-même dira : « D'un homme
plein de faiblesse, de misère, de concupiscence, d'orgueil et d'ambition, mon Ré-
dempteur a fait un homme exempt de
tous ces maux par la force de sa grâce à
laquelle toute la gloire en est due, n'ayant
de moi que la misère et l'erreur. »

L'homme naturel en Pascal avait « l'humeur bouillante », comme dit aussi Jacqueline. Il était superbe, emporté, dédai-
gneux, ironique, prompt à la colère et à
la révolte. Voulant primer et dominer en
tout, il perdait toute patience, — sous la

politesse contrainte de la forme, — quand un savant lui contestait la priorité des découvertes dont il réclamait l'honneur. Toujours tranchant dans ses discours, même après sa conversion, si dès lors ce ne fut plus du haut de son importance personnelle qu'il accablait ses contradicteurs, c'était du haut de ses convictions et de la vérité ; mais « il les accablait », et c'est Vinet qui le dit.

Il n'est point nécessaire que « la mondanité » de Pascal ait jamais été un libertinage des mœurs. Il paraît plus probable, d'après ce que nous savons du milieu où il a vécu, qu'on le vit maintenir sans défaillance grave la dignité extérieure de la conduite. Mais, quelle que fût l'espèce de ses péchés, l'heure arriva où il aurait pu dire avec Musset :

Au fond des vains plaisirs que j'appelle à mon aide
Je trouve un tel dégoût que je me sens mourir.

Et alors, sachant *par raison* où se trouvait la source de la vie, son *cœur*, d'un élan passionné, y remonta, la saisit enfin et ne la perdit plus. « Certitude, certitude. Dieu de Jésus-Christ. Paix, joie. Pleurs de joie. »

Il faut bien admettre, dans une certaine mesure, la réalité du scepticisme de Pascal en matière de foi, puisque, jusqu'à un certain point aussi, on est obligé de l'admettre en matière de science, et puisqu'un homme qui ne douterait de rien ne serait pas intelligent. Mais s'il est demeuré inquiet et anxieux, c'était — comme l'a très bien vu et dit M. Brunschwicg — *moins de sa foi que de son salut*, à cause des doctrines effroyables de la prédestination et de la grâce. Plus janséniste que chrétien dans la première période de son développement spirituel, on est forcé de reconnaître, avec M. Souriau, qu'il resta toute sa vie trop janséniste encore. Cependant le progrès de sa pensée tendait à l'affranchir de plus en plus du point de vue étroit et farouche de sa secte.

« Il se retournait fiévreux dans son lit, il ne cherchait pas un lit » : vive et juste image de Sully Prudhomme, qui est une variante heureuse de celle de Sainte-Beuve : « Le doute fut en lui comme un lion en cage. » Les deux figures peignent avec vérité l'une et l'autre des angoisses de l'âme qui n'étaient pas le scepticisme philosophique et religieux proprement dit, et qui correspondaient aux tortures volontaires d'un corps souffrant et dompté, contre lequel il pressait un cilice armé de pointes de fer quand il sentait en lui les aiguillons de ce qu'il appelait la concupiscence.

III

« Je suis seul. Je ne suis point de Port-Royal. » Cette ligne de la dix-septième

Provinciale, qui a contristé comme un
nouveau reniement de saint Pierre plus
d'un admirateur de Pascal, est vraie à la
lettre et même dans son esprit. En fait,
Pascal n'appartenait pas à la commu-
nauté, et, par plusieurs choses essentielles, — par sa façon de concevoir la science,
la philosophie, la religion et leurs rapports, par la méthode qu'il suivit pour
l'apologie du christianisme, — il était bien
seul et à part, il différait singulièrement
de ses pieux maîtres et amis.

Port-Royal estimait, conformément à
l'orthodoxie, que la vérité, étant une, ne
peut se contredire ; que la raison et la foi
viennent de la même source, que la première précède la seconde, y conduit, avec
le secours de la révélation et de la grâce,
et que le raisonnement suffit à prouver
certaines vérités, telles que l'existence de
Dieu et l'immortalité de l'âme. Saint-Cyran
écrit, dans sa *Théologie familière* à l'u-
sage des enfants : on connaît Dieu « par

la lumière et le sentiment imprimés naturellement dans nos âmes, par la beauté et l'ordre du monde » [1]. Singlin, Sacy, Arnauld, Nicole pensent de même. Tous étaient cartésiens, goûtant le rationalisme scientifique de Descartes et goûtant aussi sa réserve et sa prudence en matière religieuse. Mathématiciens plutôt que savants, la foi qu'ils demandaient était nue et simple; ils se défiaient des détours et des complications, lors même que la vérité en était le but et le terme, comme d'une séduction de l'orgueil de savoir.

Dans l'entretien si célèbre avec M. de Sacy, Pascal scandalise un peu son interlocuteur en osant avouer l'immense intérêt qu'il a pris à la lecture d'Épictète et de Montaigne. Sacy traite rudement leurs écrits de « viandes dangereuses » et de « poisons ». Pascal, réservé et poli, « prêt à renoncer à toutes les lumières qui ne

---

[1] Cité par E. Droz, *Étude sur le scepticisme de Pascal*, p. 92.

viendraient pas » d'un tel docteur, consent à reconnaître « le peu d'utilité que les chrétiens peuvent retirer de ces études philosophiques » ; —mais seulement pour la forme. Car il reprend son thème et il continue à louer, « avec la permission » de M. de Sacy, l'«art incomparable» d'E-pictète et de Montaigne pour faire penser, douter, réfléchir.

Quel paradoxe devait être pour les logiciens de Port-Royal ce défi au bon sens, que le déiste est presque plus loin de Dieu que l'athée ! Mais c'est surtout quand Pascal exposa à ses amis le plan de l'apologie qu'il méditait d'écrire, que ceux-ci durent le regarder avec un étonnement profond où le malaise que la nouveauté cause toujours, le mécompte d'une attente déconcertée, se mêlaient à l'émerveillement.

En bonne logique janséniste, il ne fallait pas démontrer du tout les vérités de la religion. A quoi bon l'apologétique, si on peut avoir la foi sans elle et si elle ne

peut pas donner la foi [1] ? A quoi bon, surtout, ce hors-d’œuvre dans le système qui
exagère au dernier point la passivité de
l’homme et l’action de la grâce ?

« Vouloir faire comprendre la vérité aux
âmes qui ne sont pas encore mûres, disait
la mère Angélique, c’est vouloir faire luire
le soleil à une heure indue au milieu de
la nuit. Tous les princes et tous les plus
puissants rois de la terre joints ensemble
n’ont pas le pouvoir de faire lever le soleil une heure plus matin qu’il ne doit ;
et tous les hommes ensemble, avec toute
l’éloquence et toutes les persuasions qu’on
se peut imaginer, ne sauraient faire voir
la vérité à une personne qui n’est pas encore éclairée de Dieu [2]. »

Pascal avait été instruit de cette vérité,
et il n’en doutait pas. Mais on a quelque-

[1] Scherer, *Études sur la littérature contemporaine*, t. IX, p. 191.

[2] Cité par Victor Cousin, *Jacqueline Pascal*,
p. 230.

fois lieu de se féliciter que les hommes suivent les impulsions de leur humeur plutôt que les déductions de la logique, puisque l'heureuse inconséquence du grand penseur devait donner à la littérature un chef-d'œuvre.

Ce ne serait pas la peine d'écrire un livre sur Pascal si on n'avait pas une ingénieuse hypothèse à nous offrir, — soit dans sa fraîche et entière nouveauté, soit dans le rajeunissement de quelque partie revue et refaite, — sur le bel édifice interrompu. M. Strowski n'a point failli au devoir de nous présenter sa théorie. Elle est extrêmement intéressante.

Il y a, selon lui et selon tous les commentateurs, deux choses à distinguer d'abord dans cette grande ébauche inachevée : une apologie du christianisme, — dont le plan est plus ou moins visible, dont certaines parties ont été exécutées en perfection, — et un « soliloque » du penseur, les confidences d'une âme se parlant à elle-même, « toutes les feuilles mortes que son génie charriait ».

M. Strowski insiste avec raison et plus qu'on ne fait d'habitude sur les dettes d'auteur de Pascal. Il faut d'autant moins hésiter à les reconnaître qu'en laissant intacte sa gloire d'écrivain original, elles font honneur à sa conscience de critique bien informé. Loin de les nier lui-même, il a fait mainte allusion soit à l'outrecuidance des auteurs qui prétendent tout tirer de leur propre fonds, soit à la trop grande modestie de ceux qui laisseraient dire peut-être qu'ils n'ont rien mis du leur, quand l'ordre et la façon — souvent plus méritoires que l'invention même — sont à eux.

Ce qu'il doit à Montaigne, on le sait aujourd'hui, et c'est bien plus que n'avait dit Havet ; vraiment, ce serait presque toutes les pensées, s'il n'y avait pas la différence du génie entre Charron, par exemple, qui pille Montaigne et Pascal qui le repense. Il n'a ignoré aucune des apologies notables de ses prédécesseurs, ni la *Théologie naturelle* de Raimond de Sebonde, ni *les Trois Vérités* de Charron, ni le Père Mersenne, ni même le Père Garasse. Le Hollandais Hugo Grotius lui fut, nous dit-on, très utile, et le *Pugio Fidei*, vieux livre du xiiie siècle, aurait été étudié par lui « de plus près qu'aucun autre », extrait, analysé, discuté.

Tous les matériaux étant rassemblés, puis fécondés par la méditation, le principal restait à faire : il fallait trouver la méthode. Avec une mémoire plus ou moins fidèle, avec plus ou moins d'intelligence, cette méthode a été exposée par les auditeurs privilégiés qui entendirent parler Pascal : par Étienne Perier, son neveu, dans la préface de l'édition de Port-Royal, et surtout par Filleau de la Chaise dans une relation beaucoup plus développée, que sa longueur seule empêcha de publier à titre de préface.

La méthode de Pascal n'est pas la simple logique, la démonstration à la manière des géomètres, méthode fort en honneur chez les mathématiciens de Port-Royal. Descartes, partant de l'évidence, marche d'une vérité assurée à une autre vérité assurée, et que trouve-t-il au terme ? une idée pure, une conclusion rationnelle, le Dieu abstrait des métaphysiciens, nullement le Dieu de Jésus-Christ, sensible au cœur, non à la raison. Mais Pascal estimait que la vérité n'est pas toujours simple. La plus féconde de toutes ses pensées sera qu'il y a trois ordres de choses : la chair, l'esprit, la volonté, — et deux ordres de connaissances : la connaissance intellectuelle et celle qui s'obtient par l'amour. Tous les corps, le firmanent, les étoiles, la terre et ses royaumes ne valent pas le moindre des esprits. Tous les esprits ensemble ne valent pas et ne sauraient produire le moindre mouvement de charité. De la connaissance par l'esprit on ne passe pas logiquement à la connaissance par le cœur ; mais, sans les enchaîner d'un lien logique, on peut librement les unir, et leur union apporte une certitude, une assurance plus complète et plus ferme que celle où l'on arrive par l'un ou par l'autre mode suivi uniquement.

« La plupart des grandes certitudes que nous avons, écrit Filleau de la Chaise, ne sont fondées que sur un fort petit nombre de preuves qui, séparées, ne sont pas infaillibles, et qui pourtant, dans certaines circonstances, se fortifient tellement par l'addition de l'une à l'autre, qu'il y en a plus qu'il n'en faut pour condamner d'extravagance quiconque y résisterait…. » Et encore : « Quoiqu'on ne pût peut-être démontrer dans la rigueur de la géométrie qu'aucune de ces preuves en particulier soit indubitable, elles ont néanmoins une telle force, étant assemblées, qu'elles convainquent tout autrement que ce que les géomètres appellent démonstration…. »

Voilà la méthode de Pascal : c'est celle

du « faisceau », dont chaque brin est fragile et facile à rompre, et dont l'ensemble est invincible ; c'est la certitude cherchée dans le concours de toutes les probabilités. Mais, dans ce concert harmonieux de la vérité, il y a un ordre hiérarchique, et la haute valeur de *l'amour*, par rapport à la connaissance rationnelle et scientifique, demeure « infiniment infinie ».

De même que les dix premières *Provinciales* sont une comédie à personnages, suivie de lettres d'un autre style, où l'auteur passant à des discours directs s'élève au sommet de l'éloquence, il y aurait eu, suivant M. Strowski, deux grandes divisions dans l'Apologie : d'abord, une histoire d'âme, sous forme de lettres et de dialogues, « le plus beau roman du xviie siècle », quelque chose d'analogue aux *Confessions* de Saint-Augustin [1], dramatisant

[1] D'analogue, ajoute M. Strowski, à *En route* de Huysmans. L'ingénieux critique revient vraiment un

tout ce qui peut être groupé autour de ces
idées générales : la misère de l'homme
sans Dieu, les raisons et les moyens de
croire, l'impuissance de la philosophie, etc.;
après quoi serait venue, sous forme apo-
dictique, la partie plus spéciale de l'ouvrage : les fondements de la religion chrétienne, la tradition de l'Église, les preuves
de la Révélation écrite dans la Bible et
vivante en la personne de Jésus-Christ,
les prophéties, les miracles, etc.

Le moi étant haïssable, ce n'est pas son
roman personnel que Pascal nous eût raconté dans la première partie; mais supposant un « honnête homme » dans le
genre de Méré, il aurait mis à nu impi-
toyablement sa « contrariété » fondamentale; il l'aurait tellement découragé et par
le spectacle de lui-même et par celui du

peu trop sur la prétendue ressemblance de Pascal
avec Durtal. Cela fait l'effet d'une profanation. Il ne
fallait pas rapprocher et mêler deux « ordres » si
différents et si distants.

néant des efforts de l'esprit humain à travers toute l'histoire, que notre homme, au désespoir de comprendre le sombre mystère de sa destinée... sera sur le point de chercher une tragique issue à cet état violent — dans le suicide [1] !

Pascal « découvre » alors à son malheureux ami « un certain peuple », le peuple juif, et voici venir toute la suite de la vérité révélée, du péché originel à la Rédemption promise dès la Genèse, confirmée par les prophéties et par leur accomplissement, confirmée surtout par les miracles et apportée au monde dans la personne céleste et dans la croix de Jésus-Christ.

---

[1] Cette péripétie inattendue d'un suicide surprend un peu moins quand on connaît les lignes suivantes de la longue analyse donnée par Filleau de la Chaise : « Enfin, écrit l'auditeur de Pascal, plutôt que d'en choisir aucune [religion], et d'y établir son repos, il prendrait le parti de *se donner lui-même la mort*, pour sortir tout d'un coup d'un état si misérable ; lorsque, près de tomber dans le désespoir, il découvre un certain peuple qui, etc. »

L'auteur des *Pensées* attachait un grand prix, — le prix principal, n'en doutons pas, — à cette partie de son apologie où il fait de l'histoire, où il montre que Moïse a vécu, qu'il n'était pas un imposteur, que ses livres n'ont pu être falsifiés après sa mort, que les apôtres n'étaient pas des fourbes non plus, que leur sincérité est évidente, et qu'elle éclate dans le style des Évangiles, si remarquable par sa « froideur », c'est-à-dire en notre langue moderne, par son *objectivité*. Le savant, épris d'exactitude, curieux de réalités concrètes, goûtait un plaisir particulier à peser des témoignages, à vérifier des faits ; et, pour lui, les miracles de l'Écriture, appuyés sur leurs démonstrations, étaient *des faits*, les faits les plus importants du christianisme, absolument prouvés et certains, couronnés et consacrés hier encore par le nouveau miracle, — indubitable aux yeux de Pascal, — de la guérison de sa nièce due à la sainte Épine.

Tout est surnaturel dans les vérités de la foi. La science n'a-t-elle pas ses mystères comme la religion ? Si la science est certaine malgré ses mystères, pourquoi la religion ne le serait-elle pas aussi, malgré les siens ? La doctrine philosophique qui n'admet point de faits possibles hors de l'ordre de la nature, est étrangère à l'esprit de Pascal. « Que je hais ces sottises de ne pas croire l'Eucharistie, etc. ! Si l'Évangile est vrai, si Jésus-Christ est Dieu, quelle difficulté y a-t-il là ? »

Nous ne portons point le même jugement que Pascal sur la valeur relative de l'une et de l'autre partie de son apologie, celle qui est une introduction générale et celle qui entre dans le détail des preuves. Aujourd'hui, ce que nous trouvons de solide, d'immortellement beau dans les *Pensées*, c'est ce que Sainte-Beuve nomme, avec Eugène Rambert, « la préface », et M. Strowski, « le roman » : c'est le sombre et

magnifique tableau de la nature humaine.
Quant au système des preuves historiques,
démodé et caduc, les pages qui l'exposent
nous sont devenues presque illisibles. Mais
il y a une autre preuve, qui est aussi *un
fait* et la grande nouveauté de l'apologie
pascalienne : c'est la preuve *expérimentale*,
celle que chacun de nous, — le pauvre
d'esprit comme le prince de science, —
peut faire en éprouvant directement par
l'expérience la divine efficace du christianisme. Filleau de la Chaise en a tracé un
crayon léger dans cette prose volontairement effacée et faible, qui est, au XVIIe
siècle, le style commun, et dont la faiblesse
même est un charme pour notre goût blasé
qui force l'expression :

« Quand il n'y aurait point de prophéties pour Jésus-Christ, et qu'il serait sans
miracles, il y a quelque chose de si divin
dans sa doctrine et dans sa vie qu'il en
faut au moins être charmé. »

Nous dirions aujourd'hui, en faisant

saillir davantage l'idée profonde : les miracles et les prophéties sont, pour le christianisme, un fondement inutile et même ruineux ; la démonstration qu'on croit en faire fût-elle d'une solidité à toute épreuve, elle est vaine, pis que cela, elle est très périlleuse, car il n'y a ni lien, ni passage, ni union quelconque, ni aucune espèce de rapport entre la contrainte exercée sur l'intelligence par la force d'un raisonnement logique, et la foi religieuse, qui est un sentiment de l'âme. Mais voici le roc et la « pierre de l'angle » : la seule chose qui puisse nous persuader durablement, c'est *l'harmonie du Christ avec la conscience*, c'est de sentir que la religion chrétienne est à la fois l'explication complète et l'aspiration profonde de notre nature.

« La conduite de Dieu, dit Pascal, est de mettre la religion dans l'esprit par les raisons, et dans le cœur par la grâce. » — « Il se rendait bien compte, écrit M. Strowski, que même si son livre produisait une

conviction irrésistible, cette conviction ne
serait pas vraiment la foi ; la grâce est
nécessaire pour la foi ; la démonstration,
ce n'est pas l'âme de la foi, ce n'en est que
l'instrument. » — « Plût à Dieu, s'écrie
encore Pascal, que nous n'eussions jamais
besoin de la raison !...Ceux à qui Dieu a
donné la religion par sentiment du cœur,
sont bien heureux... Sans cela, la foi n'est
qu'humaine et inutile pour le salut. »

Ce passage éclaircit un des sens du mot
cœur, qui, dans la langue de Pascal, pourrait bien avoir trois significations. Il signifie d'abord l'intuition, l'instinct, puisque
c'est par le cœur que nous connaissons
les premiers principes, le mouvement, les
nombres, le temps, l'espace et ses trois
dimensions. Il signifie aussi l'esprit fin et
subtil dont la pointe pénètre, par delà les
simples abstractions, domaine de l'esprit
géométrique, dans les replis obscurs de la
vie. Et enfin il veut dire tout bonnement
le *cœur*, «l'ordre de la charité», l'amour.

Tel est le sens du mot dans le passage que je viens de citer et dans la plupart de ceux où Pascal oppose le cœur à la raison comme le grand et seul organe de la foi chrétienne.

Le Dieu du cœur, « le Dieu des chrétiens », n'est pas l'idée abstraite du cartésianisme, ni le Dieu de la philosophie païenne, de la religion naturelle, simplement créateur du monde et providence du genre humain : « c'est un Dieu d'amour et de consolation, c'est un Dieu qui remplit l'âme et le cœur de ceux qu'il possède, c'est un Dieu qui leur fait sentir intérieurement leur misère et sa miséricorde infinie ; qui s'unit au fond de leur âme ; qui la remplit d'humilité, de joie, de confiance, d'amour ; qui les rend incapables d'autre fin que de lui-même. »

IV

L'ébauche que Pascal a laissée demeure, malgré ses parties périssables, le monument le plus solide comme le plus beau de l'apologétique ; il efface tous les autres, et rien de considérable n'a été fait depuis, dans le même genre, qui ne relève de cette œuvre maîtresse. Mais si elle reste vivante, c'est parce que sa grande et principale pensée s'adapte et se plie aux changements nécessaires de l'esprit humain ; c'est parce que nous apprenons en ce livre immortel comment on conserve l'âme du christianisme dans l'usure et le déchet de ses enveloppes, ou (pour me servir d'une image plus noble) la sève et la tige de l'arbre de vie, renouvelé par l'élagage même de toutes ses branches parasites.

On mettrait en doute l'évidence si l'on contestait que Pascal, en voulant servir, en servant la religion chrétienne de tout son cœur et de toute son intelligence, n'a pas rendu précisément service au catholicisme comme tel. Livrer à la risée et au mépris du monde une secte pernicieuse aux mœurs et à la foi, mais que Rome couvrait de sa protection ; inviter le public laïque à juger les théologiens de l'Église ; en appeler au tribunal de Jésus-Christ contre l'autorité qui condamnait les *Provinciales* ; puis, dans les *Pensées*, confier au cœur, à la conscience, organes individuels, le discernement du vrai, la conduite de la vie : était-ce se montrer bon catholique ? N'était-ce pas mettre un pied, puis l'autre, hors du catholicisme et de l'Église ? Hérétique avec récidive, l'auteur des *Provinciales* et des *Pensées* ne pouvait se résoudre à déposer hautement devant les hommes le joug dont il s'était deux fois affranchi devant Dieu. Et tous les jansénistes en étaient là. Dépassant quelquefois le calvinisme lui-même dans l'outrance de leurs doctrines, ils prétendaient rester papistes malgré le pape. C'est pourquoi M. de Carné n'a pas mal défini la secte par ces mots : « un catholicisme sans soumission et un protestantisme sans courage. »

M. Lanson écrit, dans une vive antithèse, que « l'auteur des petites lettres, en s'efforçant de tuer les jésuites qu'il abhorrait, a montré comment on pouvait tuer la religion qu'il adorait[1]. »

Les coups les plus mortels que la religion reçoit lui viennent presque toujours de l'imprudente main de ses amis. Fénelon, La Bruyère avaient certainement de bonnes intentions quand ils reprirent la tradition des vieux apologistes du xvie siècle, — interrompue par saint François de Sales,

[1] Article sur Pascal dans la *Grande Encyclopédie.*

brisée par Pascal une seconde fois, — et restaurèrent les preuves philosophiques de Dieu. Mais sait-on où s'arrêtera le savoir ambitieux de la pensée? sait-on où il ira d'abord? Au Dieu de la raison, au Dieu de la nature, non pas au Dieu de Jésus-Christ. Un signe bien frappant de l'irrésistible progrès du raisonnement philosophique, au siècle même de la foi, c'est que Bossuet, ce « Père de l'Église », se laisse aller à raisonner en pur philosophe, et, comparé à Pascal, nous fait presque l'effet d'un rationaliste. Il incline la théologie du côté où elle est le plus vraisemblable. Dans les panégyriques des saints, sinon dans la vie du Christ et des apôtres, il réduit le plus possible la part du surnaturel pour exalter surtout les vertus morales. Il n'a jamais cessé d'affirmer les postulats métaphysiques de la religion. C'est au dogme de la Providence qu'il s'attache surtout, et ce dogme n'est pas spécialement catholique ni même chrétien.

Bref, il a défendu la religion de la manière la plus propre à satisfaire la raison[1].

Montaigne avait prévu, comme conséquence des guerres religieuses, un « exécrable athéisme ». C'est en effet la forme digne *d'exécration*, parce qu'elle n'était qu'un dévergondage moral et intellectuel, que l'incrédulité prit au xviie siècle. Mais la religion de la raison existait dès lors, car elle est ancienne, et son développement fut considérable au siècle suivant. Les majorités sont naturellement conservatrices. La majorité des esprits cultivés au xviiie siècle, étant incrédule, sentait d'autant plus la convenance d'un spiritualisme honnête comme base nécessaire de l'édifice social, et conservait même très expressément la religion « pour le peuple ». Voltaire tenait beaucoup au Dieu « rémunérateur et vengeur ». Rousseau ne badine pas ; il punit de mort, comme

[1] Lanson, *Revue des Cours et Conférences* du 19 janvier 1908.

coupable du plus grand des crimes, tout renégat de la religion qu'il institue dans son *Contrat social*. Robespierre, disciple de Rousseau, établit la fête de « l'Être suprême » et envoie à la guillotine l'athée.

L'auteur de la *Profession de foi du vicaire savoyard*, dont les contradictions et les déclamations n'étaient point, comme la polémique des « philosophes », une campagne contre le christianisme, se trouve lui avoir fait en somme plus de bien que de mal. Et le précieux service qu'il lui a rendu fut de ramener la religion au sentiment, — reconnaissez sous les grosses altérations de Jean-Jacques l'esprit et la méthode même de Pascal, — comme à un principe radicalement distinct de la connaissance : dès lors la science et la foi habitant des domaines séparés, il n'y a plus lieu à des rencontres hostiles entre ces deux puissances. Brunetière pensait que la religion chrétienne devait beaucoup moins à Chateaubriand qu'à Rousseau « ce qu'elle avait paru regagner de terrain au commencement du xixe siècle [1]. »

Je n'ai garde d'empiéter sur la grande étude dont il faut souhaiter de voir M. Strowski achever ou continuer au moins l'entreprise ; mon dessein n'est pas de tenter, même l'esquisse superficielle et sommaire d'une histoire générale du sentiment religieux en France : je désire simplement, sans sortir et sans m'écarter de mon sujet, — qui est le seul Pascal, — indiquer ce que peut encore valoir, contre le progrès de l'incrédulité religieuse, l'idée fondamentale de son apologie.

Trois grandes forces ont battu en brèche le christianisme au siècle dernier. D'abord, la critique rationnelle, capable de tout détruire, incapable de rien fonder.

[1] Brunetière, *Études critiques sur l'histoire de la littérature française*, t. V, p. 173. — Boutroux, *Science et religion dans la philosophie contemporaine*, p. 28.

Bourdaloue, qui définissait la foi « un acquiescement raisonnable », avait prétendu qu'on doit « raisonner jusqu'à un certain point et non au delà ». Mais cette retenue est impossible ; Vinet, qui pourtant voudrait bien arrêter la raison, est obligé de le reconnaître quand il avoue que, « ou il ne faut pas examiner un seul instant, ou bien il faut examiner toujours [1]. »

Cependant la raison n'est peut-être pas l'agent qui porte aux croyances l'atteinte la plus redoutable ; ce terrible instrument de mort, c'est l'histoire. Quoi de plus propre à faire tomber la crainte, le respect et l'amour, sources intérieures des phénomènes religieux, que d'envisager ces sentiments de sang-froid comme des faits objectifs, comme une matière instructive offerte à la curiosité intelligente du psychologue et de l'historien ? *Qui a compris cesse d'adorer.* « Aucune réfutation d'une

_____

[1] *Études sur Pascal*, p. 139.

erreur n'entraîne avec elle l'évidence parfaite, si elle ne se double d'une explication
lucide de la genèse de cette erreur... Les
sciences historiques, appliquées aux sources de la tradition religieuse, rangent
cette tradition au nombre des phénomènes de la nature [1]. » Au temps de Pascal,
on n'avait qu'une érudition historique très
insuffisante dans le sacré comme dans le
profane, et Pascal en savait aussi peu
qu'homme de son temps. Au XIXe siècle,
la foi a perdu ce que gagnait la connaissance du passé dans l'un et dans l'autre
domaine. Quand on sait l'histoire de la
composition des livres saints, de quels
éléments ils furent formés et dans quelles
conditions ; quand on nous a montré que
les Synoptiques, narrateurs de seconde
main, déjà loin des faits qu'ils racontent,
font des récits parfois divergents ou con-

[1] Paul Bourget, article sur *M. Ernest Renan*
dans les *Essais de psychologie contemporaine*,
p. 84.

traires, et que Jean platonise ; quand on
suit, presque d'année en année, l'élabora-
tion des dogmes et qu'on fixe la date de
leur achèvement : la Trinité, en l'an 325 ;
la Parthénogénèse, vers l'année 80 ; un
peu plus tard, la préexistence et l'incarnation du Verbe, — l'effort, même le plus
léger, de la critique devient inutile pour
ruiner ce qui porte avec tant d'évidence
la marque de l'erreur et de l'humanité.

Le troisième agent, mais non le moindre, de la dissolution de la foi, ce sont
les sciences physiques et naturelles. Un
oubli invétéré et persistant de la carte du
ciel peut seul laisser subsister dans nos
imaginations, malgré Copernic, Galilée et
leurs successeurs, des légendes et des espérances qui n'ont pu naître qu'à la faveur d'une ignorance naïve. La fixité des
lois de la nature a beau être remise de
nos jours à l'étude et faire place à l'hypothèse d'une certaine contingence, le doute
à cet égard ne va pas jusqu'à réédifier,

contre l'ordre de la nature, le surnaturel violent, le prodige matériel, sur lequel tout le système de l'ancien christianisme est fondé et construit.

Devant cette triple difficulté de croire, il faudrait trembler pour la durée sans terme promise au sentiment religieux, s'il était une simple adhésion de l'esprit à des dogmes ou à des légendes, et s'il n'y avait pas en lui une force invincible dont la source est ailleurs. Mais ce serait avoir une bien pauvre idée de sa valeur, de sa place dans la vie, de son rôle dans la pensée et la conduite de l'homme, que de le faire dépendre d'une vérification matérielle ou de la rigueur d'un raisonnement. Contre les négations des sciences naturelles, de la critique et de l'histoire, le sentiment religieux a le droit de vouloir vivre et de réclamer hautement deux choses: d'abord, qu'on reconnaisse l'importance et l'utilité qu'il a en lui-même ; ensuite, qu'on ne nie point la réalité de son objet pour ce seul

et unique motif qu'il n'est pas la raison
raisonnante et qu'il a peut-être à son service un autre instrument de connaissance.

La première de ces deux vérités est facile à établir. Si l'on demandait aux hommes leur avis, il est probable que, même
parmi ceux qui sont sans religion, mais
qui sont de bonne foi, on trouverait toujours une immense majorité pour reconnaître que le sentiment religieux possède
un pouvoir incomparable comme lien et
comme frein de la société. Les âmes indi-
viduelles lui doivent leur cohésion et leur
tenue comme le corps social, lors même
qu'elles se vantent d'avoir cessé de croire,
car l'éducation et l'hérédité peuvent les
influencer à leur insu. Cette vérité, encore
peu contestée aujourd'hui, mais devenue
importune à plusieurs esprits, était évidente aux yeux de Pascal, comme de Descartes, comme de Montaigne, et personne,
même parmi les athées, n'en doutait de
leur temps. Tout récemment, un petit li-

vre de philosophie écrit avec une belle sincérité vient de lui rendre un témoignage nouveau : c'est le curieux volume du professeur Le Dantec, athée, sur l'athéisme. La plupart des conservateurs religieux s'en tiennent, d'ailleurs, à cette seule considération, d'ordre tout politique et utilitaire.

Beaucoup plus intéressant, le passage du *sujet* à l'*objet* est aussi bien plus difficile.

De ce que la religion est bonne et fait du bien, il ne s'ensuit pas, dit la raison, que l'objet de la religion soit réel. C'est vrai. Il n'y a point là de nécessité logique. La raison ne voit rien qui la force à une telle conclusion. Mais de ce que cette nécessité ne s'impose pas obligatoirement à l'esprit, il ne s'ensuit pas non plus que l'objet de la religion n'est qu'une chimère. Il faut et il suffit qu'il *puisse* être réel.

Dans le célèbre article où Brunetière a dénoncé avec tant de vigueur et de rigueur, sous le nom de « Fâcheuse Équivoque[1] », la doctrine protestante du *fidéisme*, j'admire cette pensée bien droite et bien juste : « La piété ne crée pas son objet ; elle le crée si peu qu'on peut dire qu'en matière de religion le problème de tous les problèmes est de savoir si l'objet de la piété existe en dehors d'elle. » Oui, le voilà, le grand et unique problème, et tout ce qu'il nous est possible de répondre, c'est que l'objet de la piété existe en dehors d'elle... peut-être ; mais nous ne le percevons point par les yeux de l'esprit, non plus que par les yeux du corps ; il appartient à un autre « ordre » de connaissance, — pour reprendre la langue de Pascal, — et c'est un autre organe qui peut le découvrir.

Dans sa préface au beau livre de William James sur l'*Expérience religieuse*[2],

---

[1] *Revue des Deux Mondes*, du 15 novembre 1903.

[2] Traduit en français par M. Frank Abauzit (Alcan).

M. Boutroux, professeur de philosophie
à la Sorbonne, avant d'écrire son propre
ouvrage, *Science et religion dans la philosophie contemporaine*, avait dit que
« Religion et Science sont deux clefs dont
nous disposons pour ouvrir les trésors
de l'univers. Et pourquoi le monde ne se
composerait-il pas de sphères de réalités
distinctes mais interférentes, si bien que
nous ne pourrions, nous, l'appréhender
qu'en usant alternativement de différents
symboles et en prenant des attitudes diverses ? A ce compte, religion et science,
vérifiées, chacune à sa manière, d'heure
en heure, d'individu en individu, seraient
coéternelles. »

Avec une signification à peine différente
et en rappelant un peu davantage la
preuve composite de Pascal, Vinet compare la foi à un trésor fermé par plusieurs
serrures, qu'on ne saurait ouvrir avec une
seule clef. Pour ouvrir le trésor de la foi
comme pour ouvrir les trésors de l'uni-

vers, — à savoir : le Dieu caché, la destinée de l'àme, l'autre monde, — il faut
une clef mystique, que Pascal appelait le
cœur. Parmi les synonymes de ce mot,
Vinet paraît préférer *conscience*, pendant
que M. Boutroux qualifie *raison encore,
raison supérieure*, ce que M. Victor Giraud se plaît à nommer *charité, volonté
aimante, instinct, sentiment, nature* [1].

Il ne faut pas avoir peur des mots. Le
sentiment religieux moderne devra continuer sans fausse honte de s'avouer *mystique*, s'il ne veut pas se réduire à la religion naturelle, au théisme rationaliste, que
Pascal méprisait si profondément, et dont
tous les chrétiens à sa suite se défendent
comme d'une pauvreté. Cependant le mysticisme nouveau ne se confond point avec
l'ancien ; il s'en sépare à son honneur par
une différence profonde : c'est qu'il ne
se réjouit plus de croire à l'absurde. Les

[1] Victor Giraud, *La philosophie religieuse de
Pascal et la pensée contemporaine.*

sciences et la philosophie en marche l'ont
fait avancer avec elles. Il ne prétend pas
opposer la résistance d'une immuable
borne aux progrès incessants de la physique, de la critique rationnelle, de l'histoire, des doctrines morales, de la socio-
logie, etc. En préconisant un autre organe
de la vérité que la raison, jamais il ne con-
sentira, comme celui de jadis, à crever
les yeux de la raison pour y voir plus
clair. Il n'a rien d'anormal ni de para-
doxal. Il s'autorise de la psychologie avec
une assurance tranquille. Il a découvert,
sous la conscience, une « subconscience »,
qui, elle aussi, est une réalité de la nature,
et les phénomènes du monde « sublimi-
nal » sont pour lui un objet de science
comme tous les autres.

Le point capital de la nouvelle doctrine
mystique, dans l'ordre religieux et chrétien, c'est l'essentielle distinction entre les
croyances et la foi, — la foi, principe
d'action, disposition morale et religieuse,

don du cœur à Dieu, confiance du chrétien
qui sent qu'il est sauvé, — et les croyances,
qui sont des idées intellectuelles indiffé-
rentes au salut, compagnes ordinaires de
la foi, mais sans avoir avec elle un lien
nécessaire de dépendance. « La foi, a dit
Pascal, est différente de la preuve : l'une
est humaine, l'autre est un don de Dieu.
Justus ex fide vivit. »

Pascal n'était point un mystique du
moyen âge, et sur ceux même de son siècle
il avait l'avance considérable d'un chrétien comparativement moderne. Croyant,
ayant la foi de l'intelligence avec celle du
cœur, il croyait aussi à la vérité scientifique et ne prétendait pas évincer la raison
des droits qui sont les siens, en rendant
à la religion seule toute la gloire qui lui
est due. L'harmonieuse union de ces forces
diverses a pu lui sembler parfois malaisée,
mais le grand penseur n'en récusait aucune. Il « cherchait en gémissant » à réconcilier la vérité avec elle-même.

Sully Prudhomme écrivait, il y a dix-huit ans : « L'admirable sincérité de Pascal eût été mise cruellement à l'épreuve, s'il eût pu connaître le dernier état des sciences actuelles. Au prix de quelle abdication ou de quelle torture son génie eût-il maintenu la prédominance de la foi dans son âme [1] ? » Hélas ! cette grande tragédie du doute est toujours possible. Le conflit douloureux et insoluble que suppose le poète du *Tourment divin* n'a rien d'invraisemblable ; il répond à l'idée — conforme aux faits dans une certaine mesure, plus conforme encore au vieux préjugé, — que, malgré les analyses et les distinctions de la critique, la tradition persiste à se faire du « scepticisme » inquiet de l'auteur des *Pensées*. Mais n'est-ce pas une idée vraisemblable aussi et plus neuve et plus belle, de supposer que Pascal, fidèle à sa méthode, patiemment sou-

----

[1] *Revue des Deux Mondes* du 15 novembre 1890.

mis aux réalités que la science constate
et s'élevant par l'amour vers la vérité que
le cœur devine, travaillerait aujourd'hui,
avec une instruction renouvelée et un
heureux succès, à sauver des ruines faites
par la critique moderne le sentiment religieux et son immortelle espérance?

LE

NOUVEAU CHRISTIANISME

L'homme ne peut pas continuer à vivre dans un état violent. La soumission de la raison humaine à la foi, — telle que la voudrait une certaine orthodoxie, — est un état violent : car il asservit la raison, grandeur et dignité de l'homme, à un pouvoir qui l'égale peut-être, mais ne saurait avoir de droits supérieurs.

Depuis le moyen âge, la raison n'abdique plus, sans être, au préalable, convaincue par elle-même qu'elle doit abdiquer : contradiction criante, vice logique, qui, égarant la marche de l'esprit dès ses premiers pas, le condamne à tourner sans fin dans un cercle sans issue. Qui a commencé de raisonner raisonnera toujours.

Un temps fut et dura où la devise *Credo quia absurdum*, loin de faire scandale, était à peine un paradoxe. L'absurde et l'impossible, au lieu d'être un empêchement à croire, stimulaient, au contraire, la foi et l'exaltaient. Alors régnait le vrai mysticisme, celui qui, selon la vive image de Diderot, « souffle la bougie pour mieux trouver son chemin ». Si ce délire pur a encore un reste d'existence, la doctrine n'a plus d'autorité ; elle a commencé de la perdre au XVIe siècle, quand les controversistes et les apologistes entreprirent témérairement de démontrer la vérité de leurs croyances. Mais, pendant plus de trois siècles encore, se souvenant trop de l'époque où la théologie était reine et la philosophie vassale, ils ont conservé l'espérance illusoire de tenir

la raison captive dans un rôle subalterne
et de réduire tout son travail à bâtir pro-
visoirement l'échafaudage ou le vestibule
du temple de la foi.

Elles sont éloquentes, elles sont très
belles, elles sont même vraies dans une
grande mesure, les pages où Pascal et
Vinet célèbrent la *folie* de la vérité et
crient à notre raison imbécile de s'humi-
lier et de se taire. Mais si touchés et per-
suadés que nous soyons, nous ne sommes
point convaincus; la logique contradictoire
qui prouve par raison l'impuissance de la
raison nous laisse un malaise secret.

Un protestant du xviiiᵉ siècle, nommé
Jean d'Oulès, l'a bien montré dans une
lettre qu'il adressait à Bayle, le 9 octobre
1696 [1] : « Qu'on invective tant qu'on voudra contre la raison, il faut enfin, malgré qu'on en ait, revenir à elle, quand ce
ne serait que pour connaître qu'il est

[1] Citée par M. Lanson, *Revue des Cours et Conférences* du 16 janvier 1908.

juste et raisonnable de se défier d'elle
et de s'en rapporter à la Révélation...
De sorte, Monsieur, que, tout bien consi-
déré, il semble que la dernière analyse
de la foi, et le dernier fondement sur lequel elle repose, c'est la raison... »

On le voit, l'argument est plus spécieux
que solide, qui se fait fort d'établir, par
raisons démonstratives, qu'il n'y a point
de religion de la raison, et que l'incompréhensible et l'incroyable sont impliqués
dans l'idée même d'une Révélation, c'est-
à-dire, d'une vérité étrangère et supérieure à l'homme : la joie naïve avec laquelle les théologiens de l'absurde sont
les premiers à se féliciter de toute découverte de la science qui vient diminuer la
part du mystère au profit d'une foi plus
rationnelle, montre le peu de confiance
qu'ils ont eux-mêmes dans leur propre
thèse. N'entendait-on pas, hier encore,
des chrétiens intelligents, éclairés, fort
capables de comprendre que les saintes

écritures ne sont pas une révélation de la vérité scientifique, glorifier Dieu étourdiment de certaines concordances plus ou moins sérieuses de la Genèse avec la théologie, comme d'une victoire de l'Évangile?

Il faut, sans contredit, non seulement distinguer, mais savoir séparer, des objets et des organes de la connaissance rationnelle, les choses de la foi. Mais que devons-nous entendre par ce langage? Cela signifie que *l'âme qui aspire* a ses besoins et ses satisfactions ; *l'esprit qui cherche*, ses exigences et ses méthodes, et que ces deux « ordres » spirituels ne doivent point se mêler, se substituer l'un à l'autre dans une indiscrète confusion. Cela ne veut pas dire qu'une fois la preuve faite — ou crue faite — qu'il existe une Bible inspirée ou une Église infaillible, la raison est forcée d'accepter docilement des doctrines et des histoires qui, sans cette preuve, ne seraient pour elle qu'aberrations de la pensée ou fictions de la fantaisie créatrice. Ce qui est inacceptable pour un jugement sain ne devient pas tout à coup la vérité parce que Dieu ou le pape l'a dit.

Le préjugé vulgaire se figure toujours que la religion contraint l'intelligence, qu'elle consiste même essentiellement dans cette contrainte, et l'on ne peut douter que sa vieille impopularité vienne de là. Sully Prudhomme, qui tenait de son éducation catholique cette idée fausse, s'est vu obligé de conclure pour la raison contre la foi, parce qu'il croyait à leur antagonisme radical et qu'il n'a pu finalement consentir au sacrifice de ce qu'il y a de plus noble dans l'homme, de ce qu'il y avait de plus éminent chez lui-même : la pensée. Mais il est permis de supposer que s'il avait mieux connu et mieux compris la possibilité d'unir, grâce à la différence même de leurs attributions, deux pouvoirs intellectuels et moraux dont chacun a sa vertu propre, il n'aurait peut-être pas, — par une violence contraire à celle des théologiens du vieux temps, — évincé la foi religieuse devant la raison philosophique, et prononcé tristement la parole brève et résignée que M. Camille Hémon a recueillie: « C'est fait[1]. »

*

Souhaitez-vous l'harmonie, la paix intérieure, que Sully Prudhomme a rêvée, que Pascal a cherchée passionnément, et qu'il a trouvée, — accordons-le, — mais au prix de quelles luttes, de quelles angoisses, de quelles souffrances qui ressemblaient trop au contraire de cette paix! Il faudrait étrangement méconnaître l'humaine condition pour espérer jamais obtenir dans sa plénitude un contentement qu'on peut presque appeler surhumain et divin ; mais on peut et l'on doit toujours tendre vers l'idéal.

[1] Voy. p. 131.

Une condition première de notre harmonie avec nous-même est la sincérité du
cœur. Ce n'est pas la même chose que la
logique de la conduite. La logique importe
moins à notre heureuse unité morale que
la sincérité. Éclaircissons cette différence
parfois mal comprise, par deux exemples.

Voici, d'une part, des incroyants, qui,
pour mettre leur conduite d'accord avec
leur incrédulité, repoussent les cérémonies religieuses, — si consolantes et si
belles, — aux mariages, aux lits de mort,
aux obsèques : ils sont *logiques*, souvent
même on les voit très fiers de leur logique
et de leur courage ; mais s'ils ont du cœur
et si, en agissant avec cette rigueur inflexible, ils prétendent ne pas souffrir eux-
mêmes plus ou moins et ne pas faire
cruellement souffrir la femme pieuse, les
chères filles, les vieux parents qu'ils aiment, j'ose dire qu'ils se font secrètement
violence et ne sont pas *sincères*. Et, d'autre part, voici des orthodoxes, qui, parce

qu'ils professent la foi aux « grands faits surnaturels chrétiens », se croient tenus d'attester que Jésus est remonté au ciel « sur une nuée », à l'instar des divinités de l'*Iliade* : ils sont logiques, eux aussi ; mais ces logiciens de la croyance sont moins fiers que les autres, car s'ils ont assez de culture pour sentir le reste grossier de mythologie païenne qui perce dans cette superstition, il est impossible qu'ils ne soient pas, au fond, honteux de leur insincérité.

Généralement, l'homme sincère, l'homme de bonne foi, et, généralement aussi, l'honnête homme, — j'entends l'homme instruit, poli et cultivé, — a de profonds besoins religieux ; cependant il se détourne de la religion, parce qu'il ne trouve plus dans les croyances traditionnelles ortho- doxes de quoi satisfaire son esprit et son âme. La sincérité souffre en lui de ce dé- saccord, bien que la logique puisse ne pas désapprouver sa conduite. Or, le christianisme moderne, — qu'on le nomme « protestantisme libéral » ou « modernisme » avec les catholiques, — offre à l'homme un moyen de réconcilier ses besoins spirituels et ses exigences rationnelles.

On peut définir ce christianisme nouveau ou plutôt rajeuni : la religion du Christ à la fois restaurée dans sa source et renouvelée par le cours du temps, afin d'offrir à nos âmes, au lieu d'une nourriture indigeste, que ni la raison ni la conscience ne peuvent s'assimiler, un aliment de vie.

*

Que la vérité religieuse, considérée jadis comme la chose immuable par excellence, soit changeante en son essence même et non pas seulement dans sa forme, cela ne fait plus l'ombre d'un doute pour qui sait un peu d'histoire, compare le présent au passé et suit du regard l' « évolution des idées », ainsi que le XIXe siècle a nommé —

plus scientifiquement — ce qu'on appelait au XVIIIe le « progrès des lumières ».

Aux yeux de Pascal, comme de Bossuet, la vraie doctrine était fixe ; Pascal croyait la théologie définitivement arrêtée, à la différence de la physique, qui progresse ; Bossuet ne concevait point d'argument plus fort, de raison plus triomphante contre les protestants que de les convaincre de *variations*. Mais, — chose bien autrement significative, — les protestants eux-mêmes, s'imaginant d'abord que cette accusation capitale condamnait la Réforme à périr, si elle était prouvée, firent des efforts désespérés pour réfuter leur grand adversaire et soutinrent, contre l'évidence, que leurs églises avaient maintenu dans son invariable rigueur l'unique et traditionnelle vérité.

Les protestants furent d'abord et ils restèrent longtemps plus catholiques que les catholiques, puisque leur prétention était de restaurer dans sa force primitive

et d'immobiliser l'autorité littérale de la
Parole de Dieu. Trois siècles ont à peine
suffi pour leur faire comprendre combien
ce paradoxe d'une vérité fixée tout entière
et figée pour l'éternité dans le texte sacré
d'une écriture close, était contraire aux
faits, aux lois de la vie, à tout l'enseignement de la nature et de l'histoire.

La démonstration est faite aujourd'hui,
si, pour constater l'évidence, il n'y a qu'à
ouvrir les yeux. Aucun dogme n'a conservé dans son intégrité le sens qu'il avait
à l'origine. Plusieurs ont tout perdu, fond
et forme ; ils sont périmés simplement.
D'autres ont subi de telles métamorphoses
que nos pères ne les reconnaîtraient pas.
A l'ancienne notion de la *fixité* des dogmes et des textes s'est substituée, pour
les protestants simplement désireux de
ne pas rester étrangers au mouvement de
l'esprit humain, celle d'une *plasticité* in-
définie, qui renouvelle sans arrêt le christianisme pour les besoins spirituels des

générations successives. Ce renouvellement incessant, — scandale d'une majorité journellement diminuée de chrétiens retardataires, — est une nécessité indispensable si l'on veut que la religion du Christ soit le « pain de vie ».

Les catholiques n'ont pas compris d'abord mieux que les protestants le caractère changeant de la vérité, ou, si l'on préfère cette expression moins hérétique, sa mobile physionomie. Leur belle et féconde conception d'une autorité, non plus embaumée dans un livre saint, mais vivante dans l'institution de l'Église, leur rendait cependant plus facile qu'aux calvinistes d'accepter le principe d'une vérité qui continue et se renouvelle.

Après sa visite au Vatican, en 1894, Brunetière, sous le charme des paroles conciliantes et sages qu'il avait entendu tomber de la bouche d'un pape politique, écrivait :

« *Multae sunt mansiones in domo patris*

mei[1] ; et il y a aussi plusieurs aspects, ou, pour ainsi parler, plusieurs faces du christianisme... Pourquoi, dans un temps comme le nôtre, l'Église n'essaierait-elle pas de se présenter aux peuples sous un nouvel aspect d'elle-même ? et pourquoi n'y réussirait-elle pas ? Évoluer n'est pas changer, a dit un ancien Père. *Quod evolvitur, non ideo proprietate mutatur* : c'est l'expression même de Saint-Vincent de Lérins. L'épanouissement des frondaisons de l'arbre n'est pas une « variation » du germe ; et ce n'est pas « changer », ce n'est pas devenir autre, que de développer le contenu de sa loi, puisque, au contraire, c'est achever de devenir soi-même[2]. »

Supposez un souverain pontife intelligent et habile, comme Léon XIII, possesseur, pendant le temps requis pour une telle réforme, de la première puissance spirituelle

---

[1] Il y a plusieurs demeures dans la maison de mon Père.

[2] *Revue des Deux Mondes,* 1er janvier 1895.

du monde : rien ne s'opposerait théoriquement à la réalisation du rêve de Brunetière, et la transformation du catholicisme pourrait avoir lieu d'une façon normale, je veux dire, par l'autorité de son chef. Le pape, que le grand critique français a eu l'honneur d'entretenir, était digne de mettre en pratique et d'expliquer au monde la jolie similitude de l'arbre qui achève de développer son germe par l'épanouissement de ses branches et de ses feuilles, et qui devient même si magnifique et si généreux qu'il mêle à sa propre frondaison des richesses étrangères : *miraturque novas frondes et non sua poma*. Ce pape idéal eût été de force à montrer aux bons catholiques comment l'*évolution*, par un progrès semblable, en donnant finalement aux doctrines, sous la bénédiction de l'Église, un sens bien près d'être contraire à celui qu'elles ont dans la Bible, réconcilie la Révélation avec les lumières naturelles et ne la contredit qu'en apparence.

Malheureusement pour le catholicisme, les papes intelligents sont rares, et le sage Léon XIII fut une exception. Pie X — après Pie IX — a restitué le type traditionnel du *pape-borne*. Par là, il a causé beaucoup d'ennui aux catholiques qui ne voudraient pas être des bornes.

C'est une terrible extrémité, pour un fils tendre et respectueux de l'Église, de se séparer de sa mère. Le conflit tragique qui déchire alors l'âme croyante n'est rien de moins, il n'est rien d'autre que celui d'où la Réformation sortit au xvie siècle... Or, tous les catholiques qui pensent ne sont pas des Luthers.

Le spectacle actuel que nous donnent les prêtres et les docteurs « modernistes » paraîtrait comique s'il n'était navrant. Il n'est pas sans analogie avec celui qu'offrait, au temps de Pascal, avec la connivence de Pascal qui en souffrait, la secte janséniste.

Dans son admirable *Port-Royal*, t. III, p. 92, Sainte-Beuve, qui n'aimait guère le grand Arnaud, s'impatiente contre lui en termes extrêmement vifs ; il raille sans merci son incroyable prétention de savoir mieux que Rome ce que Rome condamne ou approuve, d'être papiste plus que le pape, et d'apprendre au Saint-Père la vérité catholique : « Si c'était, écrit-il, par habileté, par tactique politique, je le concevrais encore ; mais je le crains, c'était conviction entêtée : en ce cas, qu'on me passe le mot, *c'est bête !* »

« C'est bête » aussi, mais surtout c'est triste, c'est humiliant pour l'humaine vertu, de voir les écrivains catholiques d'aujourd'hui conclure l'exposé d'hérésies plus que protestantes, — hautement condamnées par toutes les encycliques, — en déclarant qu'ils restent humblement et fidèlement soumis à l'Apôtre infaillible de la vérité. Qu'espèrent-ils donc ? l'avènement d'un grand pape réformateur ? Il n'y faut point compter. La logique, la sincérité, le courage, la droiture, la bonne foi, la franchise se-

raient de reconnaître qu'ils ont cessé d'être
de vieux catholiques ; car vraiment il n'y
a aucune différence entre leur « modernisme » et le protestantisme libéral.

Mais on excusera cette faiblesse, on
sentira combien un tel aveu serait pénible
à des catholiques de naissance et d'éducation, si l'on regarde ce que le même aveu
coûte à certains protestants délivrés de
l'orthodoxie, qui retiennent passionnément
des lambeaux de l'étroite tunique qu'ils ont
arrachée. Le mot « libéral » fait peur, sans
doute parce qu'on lui prête par abus un
sens de négation, de révolte, d'incroyance
radicale, qui peut effrayer à bon droit, mais
qui n'est pas la définition propre du terme,
bien que nous soyons forcés d'avouer loya-
lement que les enfants terribles du parti
donnent trop lieu à la méprise.

« Libéral », en langage religieux, signifie non point l'incrédule qui ne relève
que de sa raison, mais le chrétien que la
religion libre de l'esprit a émancipé et af-

franchi du culte superstitieux de la lettre.
La Réforme ayant été fondée à l'origine
sur deux principes contraires, impossibles
à maintenir en parfait équilibre, il était
normal que la liberté l'emportât finalement sur l'autorité et l'esprit sur la lettre ;
mais il est bien clair que toute religion positive doit garder un fondement objectif
et extérieur à l'homme ; sans quoi elle ne
serait qu'un produit direct de la pensée,
une philosophie.

Le protestantisme libéral comprend une
suite de degrés qui s'échelonnent d'un rationalisme aride à la pleine ferveur de la foi
religieuse. Il est rigoureusement vrai de
dire, à l'honneur du protestantisme français, qu'aujourd'hui tous les protestants
qui pensent sont libéraux. Aucune démonstration n'est plus facile à faire que celle de
l'*inexistence*, non pas certes d'un *parti* orthodoxe, mais d'une *doctrine* orthodoxe.
Le mot « orthodoxie » est vide de tout
sens dans le protestantisme. Il en aurait

un, s'il y avait encore des croyants à l'inspiration plénière de la Bible ; mais le « théopneuste » unique, découvert je ne sais dans quelle ville reculée d'Allemagne par un professeur de la Faculté de théologie de Paris, est un reste phénoménal d'un autre âge, ce n'est pas **un** esprit qui pense et qui compte. Les personnes qui se disent orthodoxes ne le sont pas, puisque *toutes* font maintenant des réserves dans leur soumission à l'Écriture et des distinctions dans sa divine autorité. Ne nous lassons point de le redire : il n'y a pas de différence *réelle* entre les orthodoxes et les libéraux ; il n'y a qu'une différence *du moins au plus*, une simple inégalité d'allure, plus lente chez les uns, plus rapide chez les autres, dans la même marche en avant vers le même terme certain.

Voilà pourquoi « c'est bête », — pour parler une seconde fois comme Sainte-Beuve, — d'avoir, après la séparation des Églises et de l'État, créé, au lieu de l'union ecclésiastique et religieuse entre les protestants de France, une séparation intérieure, qui est factice, injuste, antifraternelle, antichrétienne, contraire à toute bonne politique, et aussi nuisible à la gloire et à la prospérité du protestantisme français que funeste au bien de la religion même. Les orthodoxes sectaires qui ont commis cette faute ont beaucoup d'ignorances graves; mais ce qu'ils ignorent le plus lamentablement, c'est l'histoire du mouvement des idées et celle de l'éducation de leur propre intelligence.

*

Le protestantisme libéral pourrait n'être que le terme où aboutit l'évolution religieuse et mériter, de ce chef seul, notre plus sympathique estime; s'il est en outre, pour une bonne part, un retour à la source de la religion, s'il a des ancêtres et des précurseurs, si les ennemis de tout ce qui est nouveau ne peuvent pas lui reprocher sa jeunesse, n'aura-t-il pas encore plus de titres sérieux au respect du monde?

Le premier fondateur de la religion de l'esprit est le Christ lui-même. Les docteurs du protestantisme libéral prétendent d'abord s'en tenir au simple enseignement de Jésus débarrassé de la théologie ultérieure qui l'a compliqué et altéré. Mais cette épuration comporte d'épineuses questions de critique qu'on ne saurait avoir la pensée d'aborder ici. Bornons-nous aux grands faits généraux de l'histoire.

Une secte de chrétiens évangéliques existait au xviie siècle, qui croyaient à l'inspiration des Écritures, mais seulement jusqu'à un certain point, n'admettant pas que la Parole de Dieu pût être un objet de scandale et n'y prenant que ce que leur conscience et leur raison pouvaient digérer. Ils croyaient aussi à la divinité de Jésus-Christ, mais entendue au simple sens d'une sur-humanité, et avec des explications raisonnables qui ne portaient pas atteinte à l'idée de l'unité divine. Ils étaient anti-trinitaires. Ils acceptaient Jésus comme maître et comme modèle ; mais ils niaient la médiation, l'union hypostatique, la préexistence, la parthénogénèse, le péché originel, la prédestination, la grâce. Également abominables aux catholiques, aux calvinistes et aux luthériens, partout persécutés, ils se réfugièrent en Pologne, d'où ils furent chassés en 1658. C'étaient des protestants libéraux par anticipation. On les appelait « Sociniens », du nom de Socin, leur chef. Le jugement de condamnation que Bossuet a prononcé sur eux atteste l'importance que le christianisme libéral avait déjà : « Le socinianisme déborde comme un torrent ; les mystères s'en vont, les uns après les autres ; la foi s'éteint, la raison humaine en prend la place. »

Ce langage net fait très bien ressortir le point faible du protestantisme libéral. Il formule l'objection essentielle qu'il est juste d'articuler contre cette doctrine, et à laquelle il faut que, nettement aussi, elle réponde.

Voici l'objection : le caractère propre de la religion ne finit-il pas par être tout à fait sacrifié quand la raison est trop satisfaite? La divinité du Christ devenue simplement le suprême degré de l'excellence humaine, qu'est-ce que cette plaisanterie? Le divin est une autre chose que l'humain sans doute, et non sa perfection seulement. Parler de la « divinité » d'une créature exquise et sublime, mais sujette à la mort et sujette **au** péché, c'est de la poésie ou de la rhétorique, c'est une image vaine ou un propos déclamatoire, ce n'est enfin qu'un *jeu de mots*. L'adoration du Christ-Dieu constitue la différence spécifique entre le christianisme et le théisme : où sera cette différence, si le plus grand et le meilleur des hommes, bien digne de toute notre vénération, à coup sûr, ne peut pas, sans idolâtrie, être l'objet d'un culte?

La critique est très forte. De bonne foi, je ne crois point qu'en acceptant le débat sur le terrain où elle le place, en usant des mêmes armes qu'elle, on puisse la réfuter. La seule marche à suivre, la seule réponse utile et sérieuse me paraît être de réviser le fond même de la question et de chercher, une fois encore, si religion et raison s'opposent autant que l'a constamment soutenu la grande tradition de l'apologétique.

Pascal méprisait le théisme jusqu'à lui préférer paradoxalement l'athéisme. Pourquoi ? Sans doute parce que le théisme s'accompagne en général d'une vaniteuse suffisance de la raison, satisfaite à trop bon marché des preuves les plus superficielles, et parce que, content de cette sagesse sans profondeur, il croit n'avoir pas besoin de l'*amour*. L'athée qui hait Dieu se contredit violemment, mais il est peut-être plus près de l'aimer que le théiste qui l'honore d'un cœur distrait et froid. Voyez comment la haute ironie de Vinet abat le théisme rationaliste de Cousin et confond l'impertinence avec laquelle ce philosophe ose considérer les dogmes de la religion naturelle comme antérieurs et supérieurs à ceux de la religion révélée:

« Il est une chose qu'on oublie trop: c'est que la foi à l'Évangile implique peu de foi aux enseignements de la raison pure. L'Évangile ne se donne pas comme une lumière plus vive ajoutée à nos lumières naturelles, mais comme un flambeau qui vient dissiper nos ténèbres, comme le jour succédant à la nuit... Qui a vraiment prouvé Dieu (c'est-à-dire non seulement son existence abstraite, mais sa nature) avant le christianisme? Et qui l'a fait depuis, autrement que sous son inspiration? Il est vrai qu'elle est devenue, cette magnifique idée, le patrimoine de tout le monde, et que maintenant on en fait hardiment une partie ou la base de la religion naturelle...

« Pas si naturelle », disait Voltaire de l'*Histoire naturelle* de Buffon. J'en dis bien autant de la religion naturelle, et même, si vous voulez, de la morale naturelle...

« Ce dont l'humanité ne soupçonnait pas même l'existence lui a paru *naturel* dès qu'elle a connu le christianisme... Le christianisme, en toutes choses, nous a ramenés à la nature. C'est lui qui nous a rendu l'idée du Dieu personnel et vivant, et la philosophie, dont le christianisme éclairait désormais la route, a eu beau jeu dès lors à raisonner ce dogme nécessaire, et à prendre pour spontané ce qui était suggéré: méprise plus facile certainement et plus commune qu'on ne pense. Si elle ne veut pas, en fidèle vassale, faire en ceci acte d'allégeance, il faut alors qu'elle nous explique pourquoi cette notion d'un Dieu unique, personnel, vivant et libre, est du même âge que la foi chrétienne.

« ... On ne voit pas trop comment des idées que le christianisme seul a mises en évidence, qu'il a apportées à l'humanité, pourraient être présentées comme les prémisses nécessaires du christianisme, et comment on ne peut arriver à lui qu'à travers ces idées-là...

« On se figure qu'on a tout quand on a la conviction intellectuelle de cette vérité : que Dieu, et même un Dieu personnel, existe. Mais c'est peu de connaître Dieu si on ne le possède, et même on ne le connaît pas à moins de le posséder... Voilà le nœud du livre des *Pensées* ; voilà où tendait Pascal : à la connaissance de Dieu par le cœur. »

J'ai tenu à citer copieusement Vinet, afin d'opposer, dans toute sa force et dans toute son ampleur, au théisme banal de l'école éclectique, la thèse chrétienne du plus grand héritier de Pascal parmi les protestants. Mais une surprise nous est réservée : nous allons voir qu'on peut soutenir une thèse essentiellement pareille sans avoir la foi en une révélation extraordinaire de Dieu, qui, par un miracle spécial de sa grâce, a tiré l'homme de la nuit où il serait toujours demeuré. Un philosophe du XIXe siècle, sans être chrétien, sans croire à une intervention particulière de Dieu dans l'histoire, a donné au christianisme la même place, le même rôle, la même incomparable importance dans l'éducation philosophique et religieuse de l'humanité que son grand contemporain croyant, Alexandre Vinet, le profond commentateur des *Pensées*.

Pierre Leroux — trop peu connu et beaucoup moins célèbre comme penseur religieux que comme socialiste — est pourtant, ainsi que son dernier biographe[1] l'a montré, l'esprit le plus religieux peut-être que la libre pensée ait produit en France.

[1] P.-Félix Thomas, professeur de philosophie au lycée de Versailles : *Pierre Leroux, sa vie, son œuvre, sa doctrine*. — Voyez aussi mes *Questions esthétiques et religieuses*, p. 91 à 143. Ces deux volumes font partie de la *Bibliothèque de philosophie contemporaine* d'Alcan.

Il serait grand temps de lui rendre enfin
toute la justice qui lui est due et d'hono-
rer en lui un vrai Saint-Jean-Baptiste du
protestantisme libéral.

Mieux que personne Pierre Leroux nous
fait voir que le théisme n'est pas nécessairement la croyance abstraite, stérile, morte
qu'on a tant prétendu ; car ce philosophe
avait en Dieu une foi si fervente que les
meilleurs chrétiens pourraient apprendre
à son école ce que c'est que la piété qui est
le vivant foyer de l'âme, qui agit, parle,
prie, et, loin de se cacher et de se taire,
brille devant les hommes.

Cependant il faut bien reconnaître qu'il
n'était pas chrétien, si la religion chrétienne
conserve cette irréductible différence avec
la philosophie, que quelque chose en elle
— doctrines, événements, ou personne
céleste prêtée à la terre — reste une révélation surnaturelle et divine. Quand on
lit dans le livre *De l'Humanité* : « Nous
nous sommes émancipés d'Aristote et

d'Homère, le progrès actuel est de nous émanciper de Jésus», cette parole paraît dure à ceux qui savent quel respectueux amour Leroux a toujours eu pour le fondateur du christianisme; mais elle cesse de nous scandaliser dès qu'on se rappelle que, pour lui, ce fondateur n'était pas «divin», à proprement parler. La vérité *philosophique et religieuse*, aux yeux de Leroux (penseur bien autrement sérieux que les éclectiques, il ne séparait point ces deux choses), n'était pas une révélation spéciale; elle n'était pas non plus la conquête d'un grand esprit individuel. C'est une lumière qui apparaît progressivement dans l'histoire; c'est le trésor des savants et des ignorants, des sages et des simples; c'est le patrimoine commun de l'humanité, non d'une aristocratie d'intelligences. Le christianisme est un moment — le moment le plus considérable — de ce progrès spirituel et de ce qu'on peut très bien appeler «révélation», même révélation *divine*, pourvu qu'on n'entende pas par ces mots une intervention de Dieu localisée et datée.

Le christianisme ne fut l'ouvrage ni d'un dieu ni d'un homme ; il n'est point sorti d'une invention géniale et unique. Épanouissement de tout ce qui l'avait précédée et préparée, la religion du Christ est la plus grande, la plus belle, la plus vraie des religions du passé ; mais elle a vécu, et le temps est venu de la remplacer par une religion nouvelle qui la continue, hérite de lui, en retienne tout ce qui est bon, et soit encore plus grande, plus belle et plus vraie. Si la fin du christianisme devait entraîner celle de la religion, mieux vaudrait mille fois le garder. Plutôt les jésuites, s'écrie Leroux, que les athées ! Seul entre les philosophes, ce grave et doux penseur a expressément conservé le christianisme, tout le christianisme, à la base de sa doctrine. Il n'était pas chrétien, redisons-le, il ne voulait plus l'être, il ne croyait plus l'être, et l'on peut estimer qu'il se trompait en cela ; mais il regardait comme absolument nécessaire, comme rigoureusement conforme à la loi de continuité qui relie les siècles entre eux, que la religion de l'avenir, destinée à remplacer le christianisme, naisse du christianisme.

Nous voilà loin de Pascal et de Vinet ; mais nous restons tout près de Dieu, et peut-être allons-nous découvrir que nous ne sommes pas loin de Jésus.

*

Pierre Leroux donne, il est vrai, de la divinité de Jésus-Christ une définition purement humaine ; mais elle a d'abord l'avantage d'être claire, d'être franche, de dégager la question des nuages et des effusions mystiques où le protestantisme libéral se réfugie peu courageusement quand l'orthodoxie le met au pied du mur et le somme d'expliquer les mots dont il se sert. Mais, surtout, cette définition est *pragmatique*, comme on parle aujourd'hui, c'est-à-dire, qu'elle a une vertu d'édification et d'action. L'homme qui lit ou qui entend dire que tous les hommes sont appelés à devenir « fils de Dieu », comme Jésus, reçoit assurément un enseignement plus pratique, plus moral, plus *religieux* que le catéchumène du métaphysicien scolastique dissertant sur le Verbe, sur la naissance miraculeuse, sur la divinité transcendante d'une créature — ou d'un Créateur (on ne sait) — qui, étranger et supérieur à notre race, nous est inutilement proposé pour modèle.

« Il est faux — écrit Leroux sans ambages — que Jésus soit Dieu, que nous devions l'adorer comme la divinité elle-même... L'immanence de Dieu en chacun de nous fait que nous sommes tous participants de sa nature et dieux à ce titre ; cette immanence nous fait tous fils de Dieu... Tous les hommes étant ainsi fils

de Dieu, comment Jésus se dit-il particu-
lièrement « fils de Dieu » ? Il nous l'explique. *Si l'Écriture a appelé dieux
ceux à qui la parole de Dieu était adres-
sée, et si l'Écriture ne peut être reje-
tée, dites-vous que je blasphème, moi
que le Père a sanctifié et qu'il a en-
voyé dans le monde, parce que j'ai dit :
je suis le Fils de Dieu ?* Jésus se croit
donc fils de Dieu d'une façon particulière, uniquement en ce sens que le Père
l'a sanctifié et qu'il lui a donné une mission, un apostolat dans le monde... Jésus
n'était fils de Dieu que parce que, étant
de Dieu comme nous tous, il s'était élevé
à Dieu plus que tous les mortels et avait
fait l'absolu sacrifice de la nature humaine en lui, pour développer en lui
un germe de Dieu, qu'il avait comme
toutes les créatures... Pour être abreuvé
de Dieu, Jésus était homme... Entendre
la divinité de Jésus comme une différence
générique d'essence est une idolâtrie... Il

n'y a au fond de Jésus que Dieu, le Dieu manifesté en lui, qui soit adorable[1]. »

Ainsi, libre des liens qui retiennent embarrassés dans les croyances officielles les chrétiens soi-disant affranchis, notre penseur se prononce sur la divinité du Christ avec une clarté entière et en même temps avec une gravité qui est presque de l'onction religieuse. Que les protestants libéraux imitent sa parole nette et ferme : la possibilité de restaurer Jésus comme objet central du culte récompensera peut-être cette sincérité méritoire.

Le dilemme, il est vrai, paraît inexorable : « christianisme » signifie *religion du Christ* ; mais Dieu seul est l'objet du culte religieux. Si un autre que le Dieu unique est prié et adoré, c'est donc qu'on en reconnaît plus d'un ! Ose-t-on bien avouer encore, au xxᵉ siècle, ce reste de la croyance médiévale à la Trinité ? Ou le

---

[1] *De l'Humanité*, t. II, p. 330, 388, etc.

protestantisme libéral est le monothéisme,
— pénétré, tant qu'on voudra, du sentiment religieux chrétien, — ou bien il
continue, à la suite des orthodoxes, de
professer ce qu'Emerson appelait la *Chris-
tolâtrie*, avec cette aggravation que celle
de l'orthodoxie fut consistante, logique,
et que celle du protestantisme libéral ne
peut pas se tenir debout.

Un esprit léger oserait seul affronter le
ridicule de résoudre en courant une question de cet ordre ; mais un esprit sérieux
peut essayer de faire entrevoir quelques
éléments de la réponse qu'il n'a pas l'impertinence de présenter comme une parfaite solution.

D'abord, est-il bien exact et, en bonne
doctrine, est-il nécessaire qu'on prie directement et qu'on adore Jésus ? N'est-ce
pas une simple *médiation* que le plus
grand de tous les fils de Dieu est venu
établir entre les hommes et le Père, et
cela n'est-il pas déjà très considérable ?

Lors même qu'on nierait le miracle de la Résurrection, la moindre chose qu'un spiritualiste puisse croire et affirmer, c'est que le Christ est vivant. Il vit, si toutes les âmes sont immortelles. Il vit, si les meilleures ont seules vaincu la mort, et la *mesure de vie* qu'il possède en ce cas est la plus grande qui se puisse concevoir et imaginer. L'intercession des Saints, article de foi pour les catholiques, est une belle et consolante idée qui ne répugne point à la raison : pourquoi Jésus ne serait-il pas invoqué « aux siècles des siècles », sinon à titre de Dieu, au moins comme le plus vivant, le plus puissant et le plus saint de tous les Saints ?

Je n'insiste pas, mais je crois entrevoir qu'en suivant cet ordre de considérations, on parviendrait à réconcilier la raison et la foi ; on restituerait au protestantisme libéral une très grande part de sa valeur spécifiquement chrétienne ; on rendrait enfin au théisme toute la valeur religieuse à laquelle il prétend, mais dont il reste si misérablement dénué tant qu'il n'est qu'une doctrine philosophique.

*

La religion naturelle a presque toujours eu, si j'ose m'exprimer ainsi, « une mauvaise presse », catholiques et protestants d'autrefois l'ayant détestée au moins autant que l'athéisme, et nos libres penseurs de l'époque contemporaine — dont bien peu en France comprennent aujourd'hui qu'on puisse penser librement et croire en Dieu — la haïssant, par ignorance, à l'égal des religions positives. Elle mérite cette disgrâce, tant qu'elle n'est qu'un pâle « démarquage » du christianisme, tant qu'elle garde l'insolente prétention, avec Victor Cousin, de lui être antérieure et supérieure. Oh ! qu'elle avoue donc enfin qu'elle en est l'héritière comblée et jamais assez reconnaissante ! Qu'elle descende en soi plus profondément, qu'elle découvre qu'elle est le vieux christianisme lui-même transformé par une évolution normale ! Et que, de leur côté, le protestantisme libéral et le « modernisme » catholique reconnaissent qu'ils ne sont que d'autres noms du théisme, mais d'un théisme vraiment religieux et renouvelé par l'esprit chrétien !

Le spiritualisme éclectique était si peu chrétien qu'en reconstruisant de pièces et de morceaux empruntés à tous les systèmes la vérité définitive, il n'a oublié qu'une chose : l'exemple et les leçons du Sauveur. Religion et philosophie se retrempent l'une et l'autre dans la même source pure et vivifiante, lorsque, après toutes les évolutions du dogme, toutes les hérésies, toutes les erreurs, l'âme altérée de vérité simple remonte à l'enseignement de Jésus. Mais l'enseignement de Jésus et l'essentiel de l'Évangile ne se retrouvent pas dans les leçons du professeur Cousin.

Le *fond du christianisme*, ce n'est point l'existence de Dieu et l'immatérialité des âmes : c'est le péché, la misère naturelle de l'homme, la rédemption ; c'est l'homme criant vers Dieu du fond de son abîme, et Dieu lui accordant sa grâce et sa force. Renouvier, qui avait pour le christianisme une estime philosophique, et qui ne croyait pas plus que Pascal ou Vinet au roman de la bonté naturelle de l'homme, a fait entrer dans son système les idées rationalisées du péché originel et de la rédemption ; mais c'est de la métaphysique pure. Un autre philosophe a parlé de ces choses avec l'émotion d'un orateur sacré, et c'est notre Pierre Leroux encore, dans son beau livre *De l'Humanité*.

L'intelligence religieuse de la doctrine évangélique par excellence, — la « nouvelle naissance » ou « régénération », — lui était facilitée par sa propre doctrine philosophique de la *palingénésie*, c'est-à-dire, de la continuelle résurrection terrestre des individus dont l'humanité se compose, recommençant la vie pour se perfectionner toujours davantage.

Vivre, c'est changer. Vous mourrez, si vous ne « naissez de nouveau », disait Jésus. Le royaume des cieux est à ce prix. Pour vivre vraiment, il faut d'abord renaître, et la vie nouvelle qui date de la véritable conversion est le commencement de la vie éternelle.

« A tous ceux qui demandent à Jésus comment ils parviendront à *la vie éternelle*, Jésus répond : Entrez dans *la vie*... Au lieu de nous imaginer que nous sommes à présent bien loin de Dieu, mais que, d'un seul bond, par la mort, nous entrerons dans son paradis, comprenons que nous sommes unis à Dieu dès à présent, d'une façon toute semblable à celle dont nous serons unis à lui après notre mort, quand nous renaîtrons de nouveau à la vie : la différence sera seulement dans le degré de notre intelligence, de notre

amour et de notre activité. Donc, puisque
dès à présent nous vivons dans le sein de
Dieu, et que l'Infini nous éclaire dans une
certaine mesure, faisons effort pour pui-
ser de plus en plus à cette lumière ; tour-
nons-nous vers elle et conduisons-nous par
elle ; non pas seulement en l'espérant
comme à travers un rêve, mais en hommes qui la sentent et qui la possèdent déjà
à un certain degré dans leur vie présente...
Que sera la vie future que nous imaginons ?
un état supérieur de rapport avec l'Infini,
avec l'Éternel. Eh bien ! mettons-nous en
rapport avec ce Tout-Intelligent, ce Tout-
Aimant et ce Tout-Puissant, comme le per-
mettent les conditions actuelles de la nature et de la vie... Saisissez le ciel dans
la vie présente. Si vous ne le saisissez pas
dans la vie, il ne viendra jamais, il ne sera
jamais. Quand nous aurons saisi, pour
ainsi dire, la vie future dans la vie, nous
posséderons réellement la vie future. Et
si tous, ou beaucoup, ou plusieurs pensent

ainsi, le ciel descendra sur la terre. *Partout où vous serez deux ou trois, unis de cœur et d'esprit, je serai avec vous*, dit Jésus [1]. »

Voilà le christianisme, je dis le christianisme complet, à la fois antique et moderne, révélé par Dieu et pensé par l'homme, divin et humain, orthodoxe et libéral, cher au cœur et acceptable à la raison. Non seulement la religion et la philosophie ne s'opposent plus, mais elles sont unies, se mêlent et se fondent jusqu'à l'identité.

Les théistes de l'école officielle et classique n'ont rien de comparable à la page étonnante que je viens de transcrire; elle égale ce qu'il y a de meilleur dans l'éloquence religieuse, par l'accent de la foi et par la chaleur de l'amour.

Cependant c'est simple justice de dire et de montrer que tout n'est pas absolument « méprisable » dans les écrits des philoso-

---

[1] *De l'Humanité*, t. II, p. 215, t. I, p. 190.

phes théistes. J'avoue que la première moitié du livre de la *Religion naturelle*, par Jules Simon, —consacrée à prouver par des arguments philosophiques l'existence de Dieu et l'immortalité de l'âme, — a toute la froideur et tout l'ennui dont ces vaines démonstrations sont coutumières. Mais on a tort de jeter le volume et d'en rester là, car la seconde moitié, plus spéciale, plus précise, offre des parties d'un grand intérêt.

C'est d'abord une surprise, une nouveauté, un vrai rafraîchissement pour le lecteur, écœuré par les plates négations de la libre-pensée contemporaine, de rencontrer un philosophe qui croit au Dieu vivant, au Dieu qu'on adore et qu'on prie, et qui ose le dire bien haut. La foi altière et entière d'un Pascal pouvait, dans un siècle chrétien, prendre le théisme en pitié : on doit aujourd'hui regretter profondément le discrédit, l'espèce de honte où cette philosophie est tombée à tel point que pas un ministre de la République française n'oserait et ne pourrait, en 1909, prononcer publiquement le nom de Dieu, — je ne dis pas : du Dieu de Jésus et de Pascal, je dis : du Dieu de Voltaire et de Rousseau, — sans faire crier au « cléricalisme » par toute la multitude stupide des athées [1] !

Jules Simon regardait comme un devoir de « professer hautement sa croyance toutes les fois qu'on se trouve en présence d'un incrédule. Si l'on parle en public et qu'il soit possible de mêler à son discours quelques mots de reconnaissance pour

[1] Le philosophe Guyau a dit que notre originalité, parmi les peuples civilisés, est d'avoir, au lieu d'une religion nationale, « une sorte d'irréligion nationale ». En effet, les souverains étrangers en voyage à Paris vont tous à l'église, au temple, ou dans les chapelles où leur culte se célèbre ; mais le Président de la République française en voyage à l'étranger se souvient qu'il est le représentant d'une démocratie athée, et s'abstient d'aller à la messe, de peur d'offenser l'*athéisme national.*

l'auteur de tout bien, c'est un devoir de le faire. » Ce philosophe priait. La prière était pour lui, comme pour Victor Hugo[1], un fréquent besoin de l'âme et une fonction quotidienne qui a ses heures réglées. « Si quelque événement extraordinaire dérange les hommes de leur assiette et les pousse vers le nouveau et l'inconnu, si surtout le malheur les atteint, un nom qu'ils croyaient oublié se place de lui-même sur leurs lèvres... Quelque abattue que soit une âme, il y a quelque part en elle tout un ensemble de souvenirs touchants et vivifiants que ce grand nom de Dieu réveille ; et tout médecin des âmes sait que la guérison est possible, dès que le malade a consenti à prier. » Le culte domestique lui-même a sa place dans la religion naturelle, ou du moins, le dernier docteur de cette religion regrette le temps

[1] Voyez mes souvenirs personnels sur *Victor Hugo à Guernesey* (Société française d'imprimerie et de librairie, 1905).

où ce culte existait. Jules Simon rêve avec mélancolie au passé lointain où « le père, au milieu de ses enfants et de ses serviteurs, faisait l'office de prêtre et parlait à Dieu au nom de tous. »

Il est intéressant de mentionner ici que Pierre Leroux n'avait nullement renoncé à ce pieux usage. Un de ses contemporains raconte qu'il assista, un soir, à une des allocutions familières que le philosophe avait coutume d'adresser à sa famille pour clore le travail de la journée. « A l'entendre, écrit ce témoin, parler gravement de Dieu, de l'humanité, ces éternels sujets de ses méditations, on se serait cru dans un temple. »

L'un et l'autre philosophe, — le tribun socialiste et le ministre de la République française, — concevaient les devoirs de l'État par rapport à Dieu, d'une façon si conforme à l'esprit du passé et si différente de la nôtre, qu'à un certain degré du zèle qu'ils déploient pour la cause religieuse nous refusons de les suivre et nous ne pouvons plus les approuver sans réserve. — Pierre Leroux, à l'instar de Spinoza, prétendait « remettre au Souverain l'administration des choses saintes » et instituer une « religion nationale ». Il se faisait une idée si auguste des hôtels de ville, des mairies, « où les municipalités s'occupent du berceau, du lit nuptial et de la tombe », qu'il aurait voulu que ces temples de la loi, par la majesté de leurs cérémonies, devinssent vraiment pareils à des temples religieux, et que des prières même y fussent prononcées. Jamais il n'aurait admis que l'État méconnût le premier de ses droits et de ses devoirs, qui était, selon lui, de présider à l'éducation morale *et religieuse* de la jeunesse. — Jules Simon, de son côté, écrit : « L'État ne saurait être athée. *Il est nécessairement religieux...* Il faut que les lois soient promulguées au nom de Dieu... Le sentiment religieux est peut-

être le plus puissant de tous les liens so-
ciaux. Otez la pensée de Dieu du milieu
d'un peuple, il n'est plus réuni en corps
de nation que par l'intérêt et par la
crainte. Les citoyens ne sont que des asso-
ciés et non des frères... Plût à Dieu que
l'État ne fût pas réduit à quelques formu-
les très générales de piété et qu'il eût la
force nécessaire pour créer un culte ! »

La question du culte public a une haute
importance, elle a gravement occupé la
pensée de Jules Simon.

Le sentiment religieux, autrefois collectif, étant devenu, par le progrès de la
culture, de plus en plus individuel, même
chez les catholiques, et les idées se diver-
sifiant toujours davantage dans les intelligences partout réveillées, la religion «devient, chez les nations civilisées, de plus
en plus personnelle et intérieure... et la
tâche difficile aujourd'hui, pour les auto-
rités religieuses, est de maintenir la

croyance à l'utilité des parties extérieures de la religion [1] ». Volontiers l'extrême gauche du protestantisme libéral disséminerait l'Église en une multitude de congrégations indépendantes de tout Synode, et la cohésion des congrégations elles-mêmes ne serait garantie par rien qui lie et qui oblige leurs membres. Les individus, se suffisant à eux-mêmes, finiraient par n'avoir ni assemblées, ni cérémonies, ni culte. Ce serait l'anarchie.

La moindre réflexion fait comprendre que les sociétés sont bonnes et utiles, et que toute société a besoin d'un peu d'organisation pour se maintenir. Élargissez les cadres, respectez les libertés, allégez le joug de l'obligation, mais professez une foi commune si vous voulez rester une église.

Le culte public est une forme, sinon absolument essentielle, du moins naturelle et

____

[1] E. Boutroux, *Science et religion dans la philosophie contemporaine*, p. 203.

normale, des besoins religieux de l'homme.
Comment fera, se demande Jules Simon
avec inquiétude, le libre penseur qui croit
en Dieu, l'adore, l'aime, le prie et voudrait
lui rendre un culte public, puisqu'il n'existe
point de culte proprement théiste ? Question vraiment troublante pour un petit
nombre d'esprits d'élite, amusante peut-être
pour les indifférents qu'elle ne trouble pas.

Apparemment elle ne se serait pas posée
pour l'auteur de la *Religion naturelle* si,
comme Pierre Leroux, il avait dégagé du
fond de l'ancien christianisme — épuré, dé-
pouillé de ses légendes fabuleuses et de
ses dogmes irrationnels, mais conservé
dans son essence, — un théisme chrétien :
car alors il aurait été protestant libéral,
et le culte ne lui eût pas fait défaut. L'erreur de Jules Simon était la même que
celle de Cousin : il croyait à une religion
naturelle constituée hors du christianisme
et plus parfaite que lui sans être la perfection et l'accomplissement du christia-

nisme lui-même. Il n'a pas assez emprunté et puisé au cœur de la religion chrétienne ; en même temps, il n'a pas connu l'étendue de ce que sa dette restait encore malgré l'insuffisance de ses emprunts. Jamais cet éclectique n'a compris que tout ce que la religion naturelle a de bon, c'est au christianisme qu'elle le doit, et que si elle lui devait mille fois davantage, c'est seulement alors qu'elle pourrait raisonnablement prétendre être aussi bonne ou meilleure que lui.

Jules Simon ne résout point cette question curieuse : comment le philosophe théiste suppléera-t-il à l'absence du culte que son cœur réclame ? Il a de l'indulgence pour l'homme qui, ne croyant plus aux dogmes de la religion positive, mais pressé du désir de rendre gloire à Dieu, entre dans une église ou dans un temple, s'associe au service divin et participe, avec des réserves intérieures, aux formes organisées de l'adoration. Cependant l'auteur de la *Religion naturelle* n'absout pas cet intrus. Il distingue d'abord entre les actes d'adhésion formelle, — le confessionnal, la communion, le signe de la croix, etc., — et le simple fait de participer aux prières. Dans les premiers actes il voit un mensonge, un parjure, et il les condamne sévèrement ; dans le second il voit une faiblesse digne d'excuse, qu'il comprend, qu'il juge avec sympathie, mais qu'il n'absout pas. Il maintient, comme ne souffrant aucune dérogation, ce principe d'honnêteté, qu'il ne faut jamais se donner l'apparence de ce qu'on n'est pas réellement. Or, le philosophe que nous supposons n'est point un croyant ; il en prend l'aspect aux yeux des vrais fidèles, et ses réserves intérieures ressemblent trop à une restriction mentale.

Remarquons ici que, à la différence du philosophe incrédule entré dans une assemblée religieuse, un protestant libéral auquel manqueraient la liturgie et la prédication qu'il voudrait avoir (le cas est très fréquent), peut s'associer à tous les actes, à toutes les formes du culte orthodoxe sans encourir le reproche d'hypocrisie. Car, en spiritualisant le christianisme, non seulement le protestant libéral ne l'a pas renié, mais il le restaure, l'achève, l'accomplit. Il donne, simplement, un peu plus de souplesse et de largeur que ses frères moins affranchis de la lettre, à la grande formule du culte de Dieu « en esprit et en vérité », que Jésus a révélée à la Samaritaine et qui est de foi pour tous les chrétiens. Son éducation intellectuelle l'a exercé à traduire les symboles en idées claires, et, d'ailleurs, les philosophes de l'« inconscient » et du « subconscient » lui ont appris que les idées claires sont, religieusement, une pauvre chose. Il n'y a de vraiment puissant, pour entraîner les volontés et les cœurs des hommes rassemblés, que ce qu'ils entrevoient à travers des sons et des images et

ne comprennent pas bien. Tout ce qui s'a-
dresse au sentiment, — les cantiques, les
prières, certaines cérémonies d'un caractère grave et mystique, l'orgue, les cloches
même, chères à Chateaubriand, — tout cela
a son évidente utilité, au moins de l'ordre
émotionnel. Quant à la pensée qui raisonne
et qui juge, il lui sera toujours possible de
s'instruire au sermon, comme à l'âme de
s'y édifier : nous écouterons, avec un profit direct, les prédicateurs intelligents, et
nous pourrons, à l'aide des traductions nécessaires, tirer un peu de bien des autres.

∗

La plupart des théistes du xixᵉ siècle,
comme des siècles précédents, se sont con-
tentés de concilier une philosophie peu
profonde avec ce qu'il y a de plus général
dans la religion. Du christianisme ils ont
gardé une ou deux grandes idées, qu'ils ne
croyaient pas spécifiquement chrétiennes

et qui le sont moins, en effet, que d'autres qu'ils ont rejetées : en dernière analyse, la paternité de Dieu et la fraternité des hommes. Certes, c'est quelque chose. Pour eux, Dieu n'est pas toujours l'idole abstraite et froide des métaphysiciens : il est le vivant et puissant objet de la prière ; il est le père des hommes, qui, par lui, sont tous frères. Il est, dit Jules Simon, « l'auteur de tout bien ». Or le bien, par excellence, consiste dans la pratique du devoir avec l'appui de la force divine, afin que l'obligation morale ne soit pas une contrainte, ni la vertu un calcul intéressé, mais que l'homme soit bon, juste et saint *par amour*. Le caractère divin de la loi morale, le devoir se confondant avec l'amour de Dieu : voilà la plus haute vérité du théisme ; mais l'aurait-il trouvée sans Jésus ?

La réconciliation de la raison avec la foi proprement chrétienne, sciemment chrétienne, est l'œuvre originale des pro

testants libéraux et des « modernistes »
catholiques.

Cette réconciliation serait un leurre, il
ne faudrait y voir qu'un partage léonin
de la raison usurpant un domaine où elle
n'a point de droits, si tout le travail se
bornait, — comme on l'a cru faussement
et malheureusement essayé, — à rendre
raisonnable la religion réduite à ses seuls
éléments intellectuels et intelligibles. Mais
ce n'est pas du tout en cela que l'opération
bien comprise consiste. Toujours les âmes
religieuses ont admis la légitimité d'un
certain mysticisme comme correctif et
comme complément du rationalisme.

Le mysticisme ancien — dont celui de
Pascal se dégage déjà et se distingue,
— était un appétit maladif d'obscurité, ne
plus rien voir étant la condition rêvée de
l'illumination intérieure ; le nouveau mysticisme exige de conserver la vue et une
lueur encore, dans la pénombre où il accepte de fermer ses yeux à moitié. Il se

rend clairement compte de lui-même à lui-même. Pour éviter l'équivoque du nom compromis de *mysticisme*, il prend plus volontiers celui de *pragmatisme*, synonyme récent de « pratique », « d'expérience » et d'« action », nouvel équivalent du mot « cœur » dans la langue de Pascal.

Distinguant entre les croyances et la foi, c'est dans la foi, et en elle seulement, que le christianisme moderne voit une force pour l'âme, force qui peut être obtenue sans que la croyance proprement dite, — chose intellectuelle, — accepte et comprenne tout ce qu'implique la foi. Il doit suffire que la foi soit efficace pour que nous la conservions comme notre trésor le plus cher, lors même que l'intelligence ne s'assimilerait pas dans leur intégrité les croyances qui l'accompagnent. L'essence de la foi et sa vertu, c'est d'être un foyer d'amour, un principe d'action.

Un professeur de mathématiques au lycée de Versailles, M. Édouard Le Roy, dans une profonde étude [1] qui l'a placé au premier rang des docteurs catholiques du « modernisme », a bien mis en lumière ce caractère « pragmatique » de la foi, en même temps que la possibilité, pour l'esprit qui pense, de recevoir sans étonnement les principaux dogmes du christianisme, grâce à la signification utile et pratique qu'une exégèse aussi simple qu'ingénieuse est toujours capable de leur donner.

Le dogme à la fois théiste et chrétien de la personnalité de Dieu, par exemple, est incompréhensible. Notre raison ne peut le concevoir, et si nous prêtons à Dieu les traits et les mœurs de notre humanité, c'est la construction grossière d'une imagination enfantine. Mais une chose reste, que nous pouvons comprendre ; la voici : un Dieu personnel est la condition de notre dignité personnelle. Nier Dieu, avait

[1] *Dogme et critique*, 1907.

déjà dit Bacon, c'est détruire la noblesse
du genre humain. « Nous donner à Dieu
est le moyen pour nous de devenir de plus
en plus, selon toute la richesse du mot,
une personne ; d'autre part, il agit en nous,
il manifeste en nous à chaque instant sa
présence profonde et son efficacité vivifiante. » Reconnaître que la raison m'o-
blige à l'adorer, à l'aimer, à le prier, cela
équivaut à déclarer qu'il est personnel, et
me voilà en règle avec le dogme. Qu'ai-je
affaire d'une notion intellectuelle qui ne
tiendrait pas devant la critique? Affirmer
la personnalité de Dieu, ce n'est ni la connaître, ni l'imaginer, ni même la concevoir, « c'est nous conduire vis-à-vis de
Dieu comme vis-à-vis d'une personne, c'est
chercher en lui, par l'amour généreux et
la bonne volonté agissante, le développement de notre propre personnalité... C'est
lui demander l'aliment de notre vie intérieure ».

Autre exemple : « J'ai foi en la résurrection de Jésus-Christ. » Cela ne signifie point : Je crois (et il faut, pour être sauvé, que je croie) que le cadavre du Crucifié est réellement, corporellement sorti, vivant et debout, du tombeau où il gisait inanimé depuis trois jours. Cela veut dire : J'ai foi en la présence, j'ai foi en la puissance éternellement secourable de l'être divin qui a vaincu la mort.

M. Édouard Le Roy ne craint pas de reconnaître qu'il est impossible d'établir, d'après les Évangiles, la vérité historique de la Résurrection du Sauveur, les récits évangéliques offrant « des divergences qui vont presque jusqu'à la contradiction ». Il montre la faiblesse logique de l'argument fameux qui fonde la réalité du miracle sur la merveille incontestée d'une rapide propagation de la foi ; car ce succès « ne prouve que la sincérité des convictions, non pas leur valeur objective... Personne ne soutient plus aujourd'hui l'hypothèse de la fraude. Il est unanimement admis que les

Apôtres furent les premiers convaincus de ce qu'ils prêchaient. Seulement, pour conclure de leur sincérité à l'exactitude nécessaire des faits rapportés par les évangélistes, il faut admettre une identification que la critique moderne bat fortement en brèche ».

Cependant M. Le Roy ne doute point de la résurrection de Jésus-Christ, interprétée en un sens qui, pour être spirituel, n'en exprime pas moins la chose la plus positive. « Je crois, sans restriction ni réserve, que la résurrection de Jésus est un fait objectivement réel, un fait possédant même le plus haut caractère de réalité que l'on puisse concevoir... »

L'histoire saisit d'abord la foi en la résurrection de Jésus-Christ à titre de *réalité psychologique.* Elle constate « la survie du Christ dans l'Église ». Si cette survie n'épuise pas l'idée de la résurrection, « elle en fait partie ». L'action et l'influence de Jésus sont plus grandes depuis

qu'il n'est plus corporellement avec nous
que durant son passage sur la terre. Nous
avons avoué que cela n'est point, — comme
on l'a trop prétendu, — une preuve extrin-
sèque de sa résurrection *matérielle*; non,
sans doute, puisque c'est beaucoup mieux :
« C'est la Résurrection elle-même... Être
chrétien et croire au Christ ressuscité ne
font qu'un. »

*

Voilà des affirmations chrétiennes dans
lesquelles la raison s'accorde avec la foi.

Puisque cet accord est possible, est-il
rien que nous devions souhaiter davantage? L'équilibre intérieur, c'est-à-dire la
santé de tout l'homme, — de l'esprit, du
corps et de l'âme, — n'est-ce pas le plus
désirable de tous les biens? La soumission de la raison à la foi, la soumission
de la foi à la raison, sont *des solutions,*
si l'on veut; ce n'est point *la solution.*
L'une et l'autre, en terminant une lutte

pénible, mettent fin à un mal aigu, à une crise ; ni l'une ni l'autre ne donne la santé.

Nous contemplons avec respect, mais avec épouvante, un état d'âme comme celui de Pascal ; il excite en nous une terreur sacrée, une admiration mêlée de malaise et de trouble, analogue à celle qui nous bouleverse devant les grands désordres de la nature : c'est un état violent et sublime, ce n'est certainement pas l'état normal de l'homme. On comprend que le spectacle hideux de l'ascétisme janséniste ait jeté dans les bras de la religion aimable et facile la chrétienté saisie de dégoût et d'effroi. On s'explique de même que la croix du Christ ait fait horreur à un artiste épris d'harmonieuse beauté comme Gœthe, et qu'il soit passionnément redevenu païen par amour de la vérité saine et naturelle.

Certains chrétiens ont beau nous vanter la paix et la joie dont leurs cœurs sont remplis : leur paix ressemble trop à un douloureux conflit intérieur calmé à grande peine et prêt à les déchirer de nouveau, leur joie est trempée de trop de larmes et de trop de sang, pour qu'autour d'eux rayonne le charme entraînant le monde, que la tradition prête à la gravité souriante de Jésus. Franchement, est-ce être heureux, est-ce posséder le repos de l'âme, que d'avoir passé, comme Pascal, une vie mortifiée dans l'anxiété de son salut éternel, ou de s'écrier, comme Vinet, la veille de sa mort : « Demandez à Dieu que je vive *pour me convertir !* »

Il restera, d'ailleurs, toujours vrai que l'inquiétude de notre destinée est le caractère propre de l'homme qui réfléchit et qui pense. Certes, il ne faut en rien diminuer l'honneur d'un sentiment qui fait sa noblesse. Mais la paix du sage n'est-elle pas aussi une noble chose ? N'est-ce pas une conquête qu'un brave cœur doive tenter ?

Il ne paraît plus impossible, Dieu nous

prêtant sa force, de recueillir la précieuse primeur de notre long travail, si nous persévérons, sans nous lasser, à réconcilier avec la foi la raison, divine comme elle ; car cette généreuse entreprise, si souvent renouvelée et où tant de bonnes volontés ont perdu courage, semble enfin, au XXe siècle, engagée dans la voie où elle peut espérer un commencement de récompense.

TABLE

ACHEVÉ D'IMPRIMER

le cinq avril mil neuf cent neuf

par

ATTINGER FRÈRES

à Neuchâtel

pour le

FOYER SOLIDARISTE

www.ingramcontent.com/pod-product-compliance
Lightning Source LLC
LaVergne TN
LVHW011941180726
843502LV00003B/856